bikeline

Was ist bikeline?

Wir sind ein Team von Redakteuren, Kartografen, Geografen und anderen Mitarbeitern, die allesamt begeisterte Radfahrerinnen und Radfahrer sind. Ins „Rollen" gebracht hat das Projekt 1987 eine Wiener Radinitiative, die begonnen hat, Radkarten zu produzieren. Heute tun wir dies als Verlag mit großem Erfolg. Mittlerweile gibt's bikeline® Bücher in fünf Sprachen und in vielen Ländern Europas.

Um unsere Bücher immer auf dem letzten Stand zu halten, brauchen wir auch Ihre Hilfe. Schreiben Sie uns, wenn Sie Unstimmigkeiten oder Änderungen in einem unserer Bücher entdeckt haben.

Wir freuen uns auf Ihre Rückmeldung (redaktion@esterbauer.com),

Ihre bikeline-Redaktion

Vorwort

Auf dem ersten Teil des Ostseeküsten-Radweges radeln Sie einmal quer durch Schleswig-Holstein vom schmucken Städtchen Flensburg zum Ostseebad Travemünde und schließlich in die historische Stadt Lübeck, nehmen unterwegs noch die Fördestadt Kiel und die gesamte Insel Fehmarn mit. Auf dieser Radreise entlang der Ostseeküste können Sie eine abwechslungsreiche Landschaft genießen. Während Sie Ihren Blick auf der einen Seite über den Strand und die Weite des Meeres schweifen lassen oder sich in dessen Fluten erfrischen und vergnügen, präsentiert sich das Binnenland mit einer Vielzahl von Landschaftsvariationen und kulturellen Angeboten. Sollten Sie am Ende davon nicht genug bekommen – die Ostseeküste ist in Travemünde ja noch lange nicht zu Ende ...

Präzise Karten, verlässliche Routenbeschreibungen, Hinweise auf das kulturelle und touristische Angebot der Region und ein umfangreiches Übernachtungsverzeichnis – in diesem Buch finden Sie alles, was Sie für eine Radtour entlang der Ostseeküste zwischen Flensburg und Lübeck benötigen – außer gutem Radlwetter, das können wir Ihnen nur wünschen.

Kartenlegende

Radrouten (cycling routes)

Hauptroute, wenig KFZ-Verkehr
(main cycle route, low motor traffic)

- asphaltiert (main cycle route, paved surface)
- nicht asphaltiert (main cycle route, unpaved surface)
- schlecht befahrbar (main cycle route, bad surface)

Hauptroute, autofrei / Radweg
(main cycle route, without motor traffic / cycle path)

- asphaltiert (cycle path, paved surface)
- nicht asphaltiert (cycle path, unpaved surface)
- schlecht befahrbar (cycle path, bad surface)

Ausflug od. Variante, wenig KFZ-Verkehr
(excursion or alternative cycle route, low motor traffic)

- asphaltiert (excursion or alternative route, paved surface)
- nicht asphaltiert (excursion, unpaved surface)
- schlecht befahrbar (excursion, bad surface)

Ausflug od. Variante, autofrei / Radweg
(excursion or alternative route, without motor traffic / cycle path)

- asphaltiert (excursion or alternative route, paved surface)
- nicht asphaltiert (excursion, unpaved surface)
- schlecht befahrbar (excursion, bad surface)

Sonstiges (other cycle routes)

- sonstige Radroute (other cycle route)

- verkehrsreiche Radroute (cycle route with significant motor traffic)
- Kopfsteinpflaster (cobbled street)
- Einbahnführung (one-way connection)
- Fährverbindung (ferry connection)
- unbekannter Belag (road surface unknown)
- Tunnel (tunnel)
- Schiebestrecke (dismounting recommended)
- Zugverbindung (train connection)
- Radweg in Planung (planned cycle path)
- Radweg gesperrt (closed cycle path)
- Radstreifen mit Verkehr (cycle lane)
- Radstreifen, straßenbegleitender Radweg (cycle path along road)
- Straße für Radfahrer gesperrt (road closed to cyclists)
- Beschriebene Fahrtrichtung (described direction)
- 5 Wegpunkt (waypoint)

Steigungen / Entfernungen (gradient / distance)

- starke Steigung (steep gradient, uphill)
- leichte bis mittlere Steigung (light gradient, uphill)
- 2,4 Entfernung in Kilometern, gerundet (distance in km, rounded)

Radinformationen (important cycling information)

- Fahrradwerkstatt* (bike workshop*)
- Fahrradvermietung* (bike rental*)
- überdachter Abstellplatz* (covered bike stands*)
- abschließbarer Abstellplatz* (lockable bike stands*)
- E-Bike Ladestation (E-bike charging station)
- Infotafel* (information board*)
- Gefahrenstelle (dangerous section)
- Text beachten (read text carefully)
- Treppe (stairs)
- Tragestrecke (bicycle must be carried!)
- Engstelle* (constriction, bottleneck*)
- 17 42 Knotenpunktnummer der Wegweisung* (nodal point)
- Stadt-, Ortsplan (city map)

Nur in Ortsplänen (symbols only in the city maps)

- Parkhaus* (garage*)
- Theater* (theatre*)
- Post* (post office*)
- Apotheke* (pharmacy*)
- Krankenhaus* (hospital*)
- Feuerwehr* (fire-brigade*)
- Polizei* (police*)

* Auswahl (* selection)

Maßstab 1 : 50.000

1 cm ≙ 500 m 1 km ≙ 2 cm

0 1 2 3 4 5 6 7 8 9 10 km

Sehenswertes / Einrichtungen (sights of interest / facilities)

- Kirche; Kapelle (church; chapel)
- Kloster (monastery/convent)
- Synagoge; Moschee (synagogue; mosque)
- Schloss, Burg; Ruine (palace, castle; ruin)
- Turm; Leuchtturm (tower; lighthouse)
- Wassermühle; Windmühle (watermill; windmill)
- Kraftwerk (power station)
- Bergwerk; Höhle (mine; cave)
- Flughafen; Denkmal (airport; monument)
- sonstige Sehenswürdigkeit (other sight of interest)
- Museum (museum)
- Ausgrabungen; röm. Objekte (excavations; roman site)
- Tierpark; Natur-Information (zoo; nature info)
- Naturschutzgebiet, -denkmal (nature reserve, monument)
- sonstige Natursehenswürdigkeit (natural sight of interest)
- Aussichtspunkt* (panoramic view*)
- Tourist-Information; Gasthaus (tourist information; restaurant)
- Hotel, Pension; Jugendherberge (hotel, guesthouse; youth hostel)
- Camping-; Naturlagerplatz* (camping site; simple tent site*)
- Einkaufsmöglichkeit*; Kiosk* (shopping facility*; kiosk*)
- Rastplatz*; Unterstand* (picnic tables*; covered stand*)
- Freibad; Hallenbad (outdoor pool; indoor pool)
- Naturbad; Thermal-/Erlebnisbad (natural pool; thermal baths/waterpark)
- Brunnen*; Parkplatz* (drinking fountain*; parking lot*)
- Schönern sehenswertes Ortsbild (picturesque town)
- Einrichtung im Ort vorhanden (facilities available)

Topographische Informationen (topographic information)

- Kirche; Kapelle (church; chapel)
- Kloster (monastery)
- Synagoge; Moschee (synagogue; mosque)
- Schloss, Burg; Ruine (palace, castle; ruins)
- Turm; Leuchtturm (tower; lighthouse)
- Wassermühle; Windmühle (windmill; water mill)
- Kraftwerk; Solaranlage (power station; solar power station)
- Bergwerk; Höhle (mine; cave)
- Denkmal; Hügelgrab (monument; burial mound)
- Flughafen; Flugplatz (airport; airfield)
- Windkraftanlage (windturbine)
- Funk- und Fernsehanlage (TV/radio tower)
- Umspannwerk, Trafostation (transformer station)
- Wegkreuz; hist. Grenzstein (wayside cross; boundary stone)
- Sportplatz, Stadion (playing field, stadium)
- Golfplatz; Tennisplatz (golf course; tennis courts)
- Schiffsanleger; Schleuse (boat landing; sluice/lock)
- Quelle; Kläranlage (natural spring; wastewater treatment plant)
- Staatsgrenze mit Übergang (international border crossing)
- Landesgrenze (country border)
- Kreis-, Bezirksgrenze (district border)
- Naturschutzgebiet, Naturpark, Nationalpark (nature reserve, national park)
- Truppenübungsplatz, Sperrgebiet (prohibited zone)
- Höhenlinie 100m/50m (contour line)
- UTM-Gitter (in km; 2 km-Gitter) (UTM-grid)

- A13 B12 Autobahn; Schnellstraße (motorway/freeway; expressway)
- B236 Fernverkehrsstraße (highway)
- Hauptstraße (main roads)
- untergeordnete Hauptstraße (secondary main road)
- Nebenstraße; Fahrweg (secondary road; side street/access road)
- Weg; Fähre (track; ferry)
- Straße geplant/in Bau (road planned/under construction)
- Eisenbahn/Bahnhof; S-Bahnhof (railway/station; suburban station)
- Eisenbahn stillgelegt; geplant (railway disused; planned)
- Schmalspurbahn (narrow gauge railway)
- Bergbahn; Seilbahn (mountain railway; cable car)
- Wald; Parkanlage (forest; park)
- Sumpf; Heide (marsh/bog; heath)
- Weinbau; Gartensiedlung* (vineyards; allotment gardens*)
- Steinbruch, Tagebau* (quarry, open cast mine*)
- Friedhof; Düne, Strand (cemetery; dunes, beach)
- Watt; Gletscher (tidal flats; glacier)
- Felsen; Geröll (rock, cliff; scree)
- Gewächshäuser*, Plantage* (greenhouses*, plantation*)
- Gewerbe-, Industriegebiet (commercial/industrial area)
- Siedlungsfläche; öffentl. Gebäude (built-up area)
- Stadtmauer, Mauer (defensive wall, wall)
- Damm, Deich (embankment, dike)
- Kanal (canal)
- Fluss/Staumauer/See (river/dam/lake)

Inhalt

Stadtpläne

Wetterfest

Wetterfest und robust!

Für die Innenseiten dieses Buches haben wir uns etwas Besonderes einfallen lassen. Die Seiten bestehen aus hochwertigem Landkartenpapier, welches mit einer robusten und wasserabweisenden Beschichtung versehen wurde. Somit übersteht es unbeschadet auch mal ein Regenwetter.

Bitte beachten Sie: wetterfest und wasserabweisend bedeutet nicht wasserfest! Die Seiten sind gut gegen Spritzwasser geschützt und kleben, wenn sie feucht werden, nicht aneinander. Dennoch darf das Buch nicht komplett durchnässt werden.

Bitte verwenden Sie bei Dauerregen zusätzlich einen Regenschutz.

Ostseeküsten-Radweg 1

Streckencharakteristik

Länge

Die Länge des Ostseeküsten-Radweges von Flensburg nach Lübeck beträgt **454 Kilometer**, außerdem finden Sie über 135 Kilometer Alternativrouten und Ausflüge in diesem Buch.

Wegequalität & Verkehr

Die Wegequalität auf dem Ostseeküsten-Radweg ist sehr unterschiedlich. Es gibt keinen durchgehenden Radweg entlang an der Küste, sondern die Route führt auch immer wieder ins Landesinnere. Die Qualität der Wege hinsichtlich des Bodenbelages variiert häufig. Leider gibt es in Küstennähe und vor allem auf den Deichwegen auf Fehmarn immer wieder sehr schlecht befahrbare Wegstücke, die jedoch meist problemlos umfahren werden können. Alternativvorschläge finden Sie in den Karten eingezeichnet und im Text erklärt. Ansonsten verläuft die Route meist auf ruhigen, kleinen Landstraßen, asphaltierten, gepflasterten oder wassergebundenen Radwegen und ordentlich befahrbaren Wald- und Feldwegen. Verkehrsreiche Streckenabschnitte kommen nur sehr selten vor und sind meist nur von kurzer Dauer. Schwierig kann die Fahrt immer wieder durch den teils sehr starken Wind werden, der Sie in Küstennähe oft erwartet. Außerdem sind einige Abschnitte mit kleineren Steigungen zu bewältigen, vor allem, wenn sich der Radweg etwas von der Küste entfernt.

Beschilderung

Der Ostseeküsten-Radweg ist von Flensburg bis nach Travemünde mit dem gleichen Logo beschildert. Leider gibt es aber immer wieder Lücken in der Wegweisung, sodass ein regelmäßiger Blick auf den GPS-Track oder auf die Karten und den Routentext unerlässlich ist. Der letzte Abschnitt zwischen Travemünde und Lübeck wird in diesem Buch zwar als Hauptroute dargestellt, ist aber nicht Teil des offiziellen Ostseeküsten-Radweges. Vielmehr folgen Sie dem beschilderten Radweg Alte Salzstraße nach Lübeck.

Tourenplanung

Zentrale Infostellen

Tourismus-Agentur Schleswig-Holstein GmbH, Wall 55, 24103 Kiel, ✆ 0431/600583, info@sh-tourismus.de, www.sh-tourismus.de,

LIVE-UPDATES

Als Online-Angebot finden Sie auf unserer Webseite eine Sammlung aktueller Änderungen und Korrekturen zu diesem Radtourenbuch. Diese Informationen sind immer auf dem neuesten Stand und ermöglichen Ihnen in Kombination mit der bestehenden Auflage dieses Buches die beste Reiseplanung. Das LiveUpdate zu diesem Titel ist frei verfügbar und auf unserer Webseite beim jeweiligen Buch oder unter folgendem Link zu finden:

www.esterbauer.com/db_detail.php?buecher_code=OST1

Sind Ihnen auf Ihrer Radreise Fehler und Änderungen zur Route, zum Übernachtungsverzeichnis oder den touristischen Daten aufgefallen? Über die Updateseite können Sie diese brandneuen Infos direkt an das bikeline-LiveUpdate-Team übermitteln. Wir freuen uns auf Ihr Update und bedanken uns im Namen aller Radler!

Den aktuellen bikeline-Track zu diesem Titel finden Sie, wenn Sie folgende Adresse in die Adresszeile Ihres Browsers eingeben:

www.tracks.world/?dir=de/trk03ny246

Weitere Tracks:
www.ostsee-schleswig-holstein.de/ostseekuesten-radweg.html

Ostsee-Holstein-Tourismus e. V., Am Bürgerhaus 2, 23683 Scharbeutz, ✆ 04503/888525, info@ostsee-sh.de, www.ostsee-schleswig-holstein.de, www.ostsee-radfahren.de
Tourismus Agentur Flensburger Förde GmbH, Nikolaistr. 8, 24937 Flensburg, ✆ 0461/9090920, info@flensburger-foerde.de, www.flensburger-foerde.de
Eckernförde Touristik & Marketing GmbH, Am Exer 1, 24340 Eckernförde, ✆ 04351/71790, info@ostseebad-eckernfoerde.de, www.ostseebad-eckernfoerde.de
Kiel-Marketing GmbH, Andreas-Gayk-Str. 31B, 24103 Kiel, ✆ 0431/679100, info@kiel-sailing-city.de, www.kiel-sailing-city.de
Tourismus-Service Heiligenhafen, Bergstr. 43, 23774 Heiligenhafen, ✆ 04362/90720, tourist-info@ts-heiligenhafen.de, www.heiligenhafen-touristik.de
Tourismus-Service Fehmarn, Burgtiefe: Zur Strandpromenade 4 und Burg: Bahnhofstr. 30, 23769 Fehmarn, ✆ 04371/506300, info@fehmarn.de, www.fehmarn.de
Tourismus-Agentur Lübecker Bucht, Strandallee 134, 23683 Scharbeutz, ✆ 04503/7794-100, urlaub@luebecker-bucht-ostsee.de, www.luebecker-bucht-ostsee.de
Lübeck und Travemünde Marketing GmbH, Holstentorpl. 1, 23552 Lübeck, ✆ 0451/8899700, info@luebeck-tourismus.de, www.luebeck-tourismus.de

An- und Abreise mit der Bahn

Den Ausgangspunkt der Route, Flensburg, erreichen Sie von Hamburg aus in etwa zwei Stunden. Vom Zielort Lübeck brauchen Sie mit der Bahn nur etwa 45 Minuten zurück nach Hamburg.

Aufgrund der sich ständig ändernden Preise und Bedingungen für Fahrradtransport bzw. -mitnahme empfehlen wir Ihnen, sich bei nachfolgenden Infostellen über Ihre ganz persönliche Anreise mit der Bahn zu informieren.

Informationsstellen
Deutsche Bahn AG, Service-Hotline: ✆ 0180/6996633 (€ 0,20 pro Anruf aus dem Festnetz, Tarif bei Mobilfunk

Streckenstatistik

Länge der Hauptstrecke: 454 km

HM/km: ↗ 1,7 m (764 m) ↘ 1,7 m (749 m)

Radweg: 64 % Unbefestigt: 20 % Verkehr: 2 %

Summe aller Strecken: 600 km

max. € 0,60 pro Anruf), Mo-So 0-24 Uhr, Auskünfte über Zugverbindungen, zur Fahrradmitnahme, Fahrpreise im In- und Ausland, Buchung von Tickets und Reservierungen, www.bahn.de, www.bahn.de/bahnundbike
Automatische DB-Fahrplanauskunft: ✆ 0800/1507090 (gebührenfrei aus dem Festnetz)

An- und Abreise mit dem Fernbus

Viele Fernbusunternehmen bieten auf ihren Strecken eine Radmitnahme an. Aufgrund der großen Anzahl von Fernbuslinien und -unternehmen informieren Sie sich bitte im Internet z. B. unter www.fernbusse.de.

Rad & Schiff

Teilstrecken können Sie mit dem Schiff zurücklegen und dadurch Ihren Weg abkürzen. Es bietet sich unter anderem die Strecke Strande-Laboe an. Näheres hierzu entnehmen Sie den Datenblöcken der jeweiligen Orte.

Rad & Bahn

Direkt parallel zur Streckenführung gibt es keine Bahnlinie, auf die Sie erforderlichenfalls umsteigen können. Angeschlossen ans Bahnnetz sind Flensburg, Eckernförde, Kiel, Oldenburg, Burg auf Fehmarn, Puttgarden, Großenbrode, Neustadt, Haffkrug, Scharbeutz, Timmendorfer Strand und natürlich Lübeck und Travemünde.

Übernachtung

Die Ostseeküste ist im Sommer und zunehmend auch in der Nebensaison im Frühling und Herbst ein sehr beliebtes Reiseziel. Deshalb ist es für die Zeit zwischen Juni und September dringend zu empfehlen, die Quartiere im Voraus zu reservieren! Wenn Sie die Möglichkeit dazu haben, sollten Sie vor allem die Sommerferien meiden. Privat- oder Pensionszimmer für eine Nacht werden in dieser Zeit an der Küste oft nur sehr ungern oder gar nicht vermietet. Das bedeutet, dass Sie gerade während der Saison überwiegend in Hotels Quartier nehmen müssen. Bei Ferienwohnungen müssen Sie teilweise mit zusätzlichen Endreinigungskosten rechnen.
Wenn Sie günstiger reisen möchten, sollten Sie ein Zelt mitnehmen und einige der zahlreichen Campingplätze aufsuchen. Zu Stoßzeiten – wie an einem Wochenende im Sommer – kann es aber auch auf diesen sehr eng werden.

Mit Kindern unterwegs

An der Ostseeküste zwischen Flensburg und Lübeck werden Sie mit Kindern ab 8-10 Jahren mit eigenem Fahrrad wenig Probleme haben, da nur sehr wenige

Blick auf Kiel

Strecken auf verkehrsreichen Straßen verlaufen, es sind allerdings teilweise Steigungen zu bewältigen. Achten Sie immer auf eine gute Qualität und Ausstattung des Rades, um den Kindern die Reise nicht unnötig zu erschweren. Für Radfahrer, die mit einem Kinderanhänger unterwegs sind, empfiehlt es sich, im Zweifelsfall die von uns empfohlene Ausweichroute zu nehmen, da die schlecht befahrbaren Wegstücke mit dem Anhänger nicht zu bewältigen sind.

Radreiseveranstalter und Gepäcktransport

Eurobike, Mühlstr. 20, A-5162 Obertrum am See, ✆ 0043/6219/60866, gratis Infoline aus Deutschland ✆ 0800/5889718, office@eurobike.at, www.eurobike.at

Rückenwind Reisen GmbH, Am Patentbusch 14, D-26125 Oldenburg, ✆ 0800/5889717 (gebührenfrei aus D), ✆ 0049/441/485970, info@rueckenwind.de, www.rueckenwind.de

Die Landpartie Radeln & Reisen GmbH, Am Schulgraben 6, D-26135 Oldenburg, ✆ 0049/441/5706830, service@dielandpartie.de, www.dielandpartie.de

Velociped GmbH & Co. KG, Alte Kasseler Str. 43, D-35039 Marburg, ✆ 0049/6421/886890, info@velociped.de, www.velociped.de

Zu diesem Buch

Dieser Radreiseführer enthält alle Informationen, die Sie für den Radurlaub entlang der Ostseeküste benötigen: Exakte Karten, eine detaillierte Streckenbeschreibung, ein ausführliches Übernachtungsverzeichnis, Stadt- und Ortspläne und die wichtigsten Informationen zu touristischen Attraktionen und Sehenswürdigkeiten.

Und das alles mit der ***bikeline*-Garantie**: die Routen in unseren Büchern sind von unserem professionellen Redaktionsteam vor Ort auf ihre Fahrradtauglichkeit geprüft worden. Um höchste Aktualität zu gewährleisten, nehmen wir nach der Befahrung Korrekturen von Lesern bzw. offiziellen Stellen bis Redaktionsschluss entgegen, die dann jedoch teilweise nicht mehr an Ort und Stelle verifiziert werden können.

Die Radtour ist nicht in Tagesetappen, sondern in logische Abschnitte aufgeteilt, weil die Tagesleistung zu sehr davon abhängt, wie sportlich oder genussvoll Sie die Strecke in Angriff nehmen möchten.

Die Karten

Die Detailkarten sind im Maßstab 1 : 50.000 erstellt. Dies bedeutet, dass 1 Zentimeter auf der Karte einer Strecke von 500 Metern in der Natur entspricht. Zusätzlich zum genauen Routenverlauf informieren die Karten auch über die Beschaffenheit des Bodenbelages (befestigt oder unbefestigt), Steigungen (leicht oder stark), Entfernungen sowie über kulturelle, touristische und gastronomische Einrichtungen entlang der Strecke. Allerdings können selbst die genauesten Karten den Blick auf die Wegbeschreibung nicht ersetzen. Komplizierte Stellen werden in der Karte mit diesem Symbol gekennzeichnet, im Text finden Sie das gleiche Zeichen zur Markierung der betreffenden Stelle wieder. Beachten Sie, dass die empfohlene Hauptroute immer in rot und violett, Varianten und Ausflüge hingegen in orange dargestellt sind. Die genaue Bedeutung der einzelnen Symbole wird in der Legende auf den Seiten 4 und 5 erläutert.

Höhen- und Streckenprofil

Das Höhen- und Streckenprofil gibt Ihnen einen grafischen Überblick über die Steigungsverhältnisse, die Länge und die wichtigsten Orte entlang der Radroute. Es können in diesem Überblick nur die markantesten Höhenunterschiede dargestellt werden, jede einzelne kleinere Steigung wird in dieser grafischen Darstellung nicht berücksichtigt. Die Steigungs- und Gefälleverhältnisse entlang der Route finden Sie im Detail mit Hilfe der Steigungspfeile in den genauen Karten.

Der Text

Der Textteil besteht im Wesentlichen aus der genauen Streckenbeschreibung, welche die empfohlene Hauptroute enthält. Stichwortartige Streckeninformationen werden von dem Zeichen ~ begleitet. Manche besonders markante oder wichtige Punkte auf der Strecke sind als Wegpunkte **1**, **2**, **3**, ... durchnummeriert und – zur besseren Orientierung – mit dem selben Symbol in den Karten wieder zu finden.

Unterbrochen wird dieser Text gegebenenfalls durch orangefarbige Absätze, die Varianten und Ausflüge behandeln.

Ferner sind alle wichtigen **Orte** zur besseren Orientierung aus dem Text hervorgehoben. Gibt es interessante Sehenswürdigkeiten in einem Ort, so finden Sie unter dem Ortsbalken die jeweiligen Adressen, Telefonnummern und Internetadressen. Die Öffnungszeiten und Preise zu den Sehenswürdigkeiten sind nicht gesondert aufgelistet, da es hier immer wieder Veränderungen gibt. Damit Sie dann nicht vor verschlossenen Türen stehen, haben wir für Sie die Internetseiten sowie die Telefonnummern recherchiert, sodass Sie sich direkt über die aktuellen Öffnungszeiten und Preise informieren können. Wenn eine Sehenswürdigkeit keine eigene Webseite hat, sind diese Informationen über die Webseite der Tourismusinformation des Ortes oder der Region zu finden. Und wenn einmal die Öffnungszeiten im Internet nicht oder nur schwer zu finden sind oder eine Sehenswürdigkeit besonders ungewöhnliche Öffnungszeiten hat, dann listen wir diese gesondert direkt bei der Sehenswürdigkeit auf. Somit sind Sie immer auf dem aktuellen Stand der Dinge.

Die Beschreibung der einzelnen Orte sowie historisch, kulturell oder naturkundlich interessanter Gegebenheiten entlang der Route tragen zu einem abgerundeten Reiseerlebnis bei. Diese Textblöcke sind kursiv gesetzt und unterscheiden sich dadurch auch optisch von der Streckenbeschreibung.

TIPP Textabschnitte in Violett heben Stellen hervor, an denen Sie Entscheidungen über Ihre weitere Fahrstrecke treffen müssen, z. B. wenn die Streckenführung von der Wegweisung abweicht oder mehrere Varianten zur Auswahl stehen u. ä.

AUSFLUG Sie weisen auch auf Ausflugstipps, interessante Sehenswürdigkeiten oder Freizeitaktivitäten etwas abseits der Route hin.

Öffnungszeiten – Kategorien

- Öffnungszeiten
- (24) frei zugänglich
- (7d) täglich
- häufig (5-6 Tage/Wo.)
- durchschnittlich (3-4 Tage/Wo.)
- selten (bis 2 Tage/Wo.)
- nach tel. Anfrage

Diese Angaben gelten während der Radsaison und dienen als Orientierungshilfe. Die tagesaktuellen Öffnungszeiten finden Sie über den Weblink.

Weblink

Im Ortsdatenblock bei dem jeweiligen touristischen Eintrag befindet sich nach dem @ Symbol eine sechsstellige Zahlen- und Buchstabenkombination ***(z. B. @ abc123)***. Die Eingabe dieser Weblink-ID auf unserer Internetseite www.esterbauer.com leitet Sie direkt auf die entsprechende Webseite weiter und ersetzt somit die mühsame Eingabe ellenlanger Webadressen.

Übernachtungs- und Serviceverzeichnis

Auf den letzten Seiten dieses Radtourenbuches sind zu fast allen Orten entlang der Strecke eine Vielzahl von Übernachtungsmöglichkeiten aufgelistet, vom einfachen Zeltplatz bis zum 5-Sterne-Hotel. Zusätzlich finden Sie umfangreiche Informationen zu Radwerkstätten und Radverleihstationen.

Von Flensburg nach Kiel

163,4 km

HM/km: ↗1,9 (318m) ↘1,9 (318m) Radweg: 64 % Unbefestigt: 10 % Verkehr: 1 %

Die Tour entlang der Ostseeküste beginnt in Flensburg, der nördlichsten Stadt Deutschlands, nahe an der Grenze zu Dänemark. Die Küste präsentiert sich Ihnen gleich im ersten Teil sehr vielfältig mit steilen Küstenufern, weißen Sandstränden, einem hügeligen, saftig grünen Hinterland und schmucken norddeutschen Städtchen.

Die Route verläuft meist auf ruhigen Nebenstraßen oder auf Radwegen. Wegstrecken im Autoverkehr gibt es praktisch gar nicht, dafür aber das ein oder andere Wegstück mit schlechterem Untergrund – in diesen Bereichen bieten wir Ihnen Alternativrouten an. Auch Steigungen bleiben Ihnen aufgrund des manchmal hügeligen Hinterlandes nicht ganz erspart.

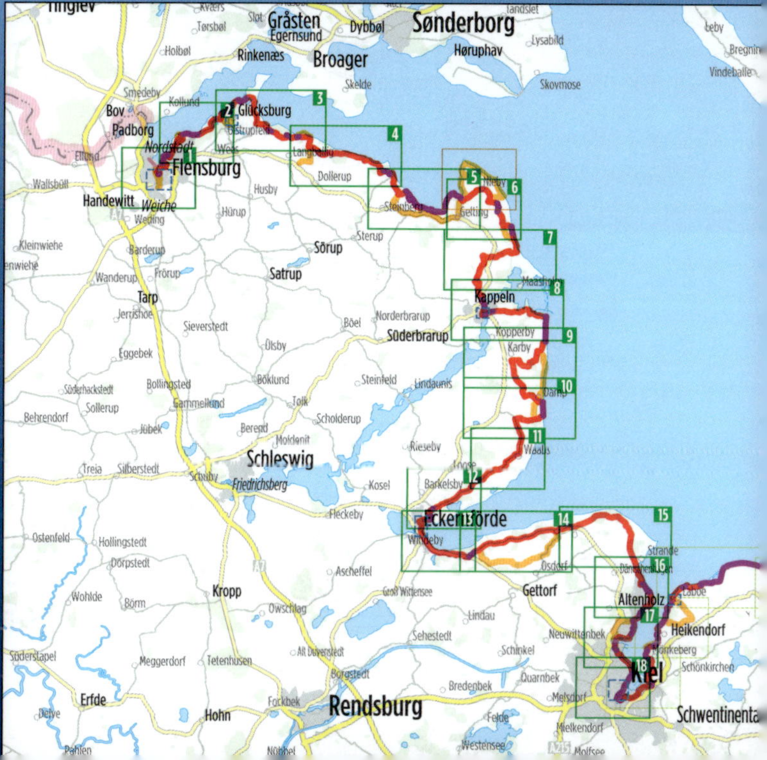

Wein & Rumhaus Braasch Roten Straße

Flensburg

Vorwahl: 0461

- **Touristinformation Flensburg**, Nikolaistr. 8, ✆ 9090920, @ iyy184
- **Salondampfer Alexandra**, Schiffbrücke 37, ✆ 18291805, ⏲ Fahrten von Mai-Sept. Eineinhalbstündige Rundfahrten mit dem schwimmenden Kulturdenkmal von 1908, einem der letzten dampfbetriebenen Schiffe Deutschlands. @ lsc212
- **Hafen- und Förde-Rundfahrten**, Am Kanalschuppen 6, ✆ 0173/9192001. 45-minütige Rundfahrt mit der Flora II. @ ymo846
- **Viking Schiffsbeteiligungs GbR**, Schiffbrücke, ✆ 25520. Förderundfahrt um die Ochseninseln mit der M/S Viking. @ pfc265
- **Museumsberg Flensburg**, Museumsberg 1, ✆ 852956 Es werden Einblicke in die Kunst- und Kulturgeschichte im Landesteil Schleswig vom 13. bis zum 21. Jh. gewährt. @ cfw227
- **Eiszeit-Haus**, Mühlenstr. 7, ✆ 852577, ✆ 852504 Die Erdgeschichte Schleswig-Holsteins wird durch Fossilien, Kristalle und Schautafeln erzählt. Außerdem gibt es wechselnde Sonderausstellungen. @ bfb454
- **Museumshafen**, Schiffbrücke (24) Es gibt knapp 20 alte Holzsegelschiffe und einen Nachbau eines Holzkahns aus dem Jahre 1726 zu sehen. Außerdem finden Veranstaltungen, Führungen und Gästesegeln statt. @ mex627
- **Museumswerft**, Schiffbrücke 43, ✆ 182247, ✆ 0173/5473949 (7d) Nachbau und Ausstellung von Frachtseglern und Arbeitsbooten des 18. und 19. Jhs. @ xys688
- **Naturwissenschaftliches Museum**, Museumsberg 1, Heinrich-Sauermann-Haus, ✆ 852504 In einer Dauerausstellung wird die Tier- und Pflanzenwelt sowie die Geologie des nördlichen Schleswig-Holsteins gezeigt. @ okl881
- **Phänomenta**, Norderstr. 157-163, ✆ 144490 Science Center unter dem Motto „Wissen mit allen Sinnen erfahren". @ nvv154
- **Rum-Manufaktur-Museum Braasch**, Rote Str. 26-28, ✆ 141600, ⏲ Mo-Fr 10-18.30 Uhr, Sa 10-16 Uhr, Führungen: Mai-Sept., Mi 16 Uhr. Wissenswertes zur Geschichte und Herstellung. @ wlt783
- **Schifffahrtsmuseum**, Schiffsbrücke 39, ✆ 852970 Es wird die über 700-jährige Handels- und Seefahrtsgeschichte Flensburgs dokumentiert. Im Keller präsentiert das Rum-Museum die Flensburger Rumgeschichte. @ urs772
- **Heiliggeist-Kirche**, Große Str. 43. Die Kirche aus dem 14. Jh. ist seit 1588 das Gotteshaus der dänischen Gemeinde. Spätmittelalterliche Fresken, Barockaltar und Votivschiffe.
- **St. Johannis**, Johanniskirchhof 22. Die kleinste und älteste der drei erhalten gebliebenen Hauptkirchen der Stadt wurde 1128 als Schutz- und Trutzkirche für die Fischer der Siedlung im Stil der Angeliter Feldsteinkirchen erbaut. Sehenswert im Inneren der Kirche ist das aus dem 15. Jh. stammende spätgotische Gewölbe

mit Fresken, die von Peter Lykt wie ein Garten Eden gestaltet wurden. Der Turm (1741) der Kirche stammt aus der Zeit des Barock. @ bfy172

- **St. Marien**, Marienkirchhof 7 In der 1284 erbauten Kirche gibt es einen Hochaltar, Gewölbe und Glasmalerei.
- **St. Nikolai**, Nikolaikirchhof, ✆ 8400400 In der Kirche von 1390 sind die Bronzetaufe (15. Jh.), die Kanzel (16. Jh.) und der Renaissance-Orgelprospekt sehenswert. @ vyp281
- **Wasserturm Mürwik**, Am Volkspark, Mürwik (Flensburg) Von der Aussichtsplattform genießt man einen herrlichen Blick über die Stadt und die Förde. @ wvj718
- **Flensburger Brauerei**, Munketoft 12, ✆ 4870 , @ hun824
- **Historische Altstadt**. Mit alten Handels- und Kaufmannshöfen.
- **Nordertor**, Norderstr. 138 Das letzte erhaltene Stadttor und Wahrzeichen der Stadt entstand im Jahre 1595. @ yxh171
- **Rumhaus Johannsen Rum**, Marienstr. 6, ✆ 25200 Ältestes noch bestehendes Flensburger Rumhaus. Kulturgeschichte seit 1878. @ lnv524
- **Christiansenpark**, Mühlenstr. Gartenanlage des einst 25.000 m² großen Parks.

Flensburg ist eine charmante Stadt – wunderschön an der Förde hoch im Norden Deutschlands gelegen. Nur einen Katzensprung ist es zu den dänischen Nachbarn in Jütland, mit denen die Schleswig-Holsteiner eine lange gemeinsame und wechselvolle Geschichte teilen.

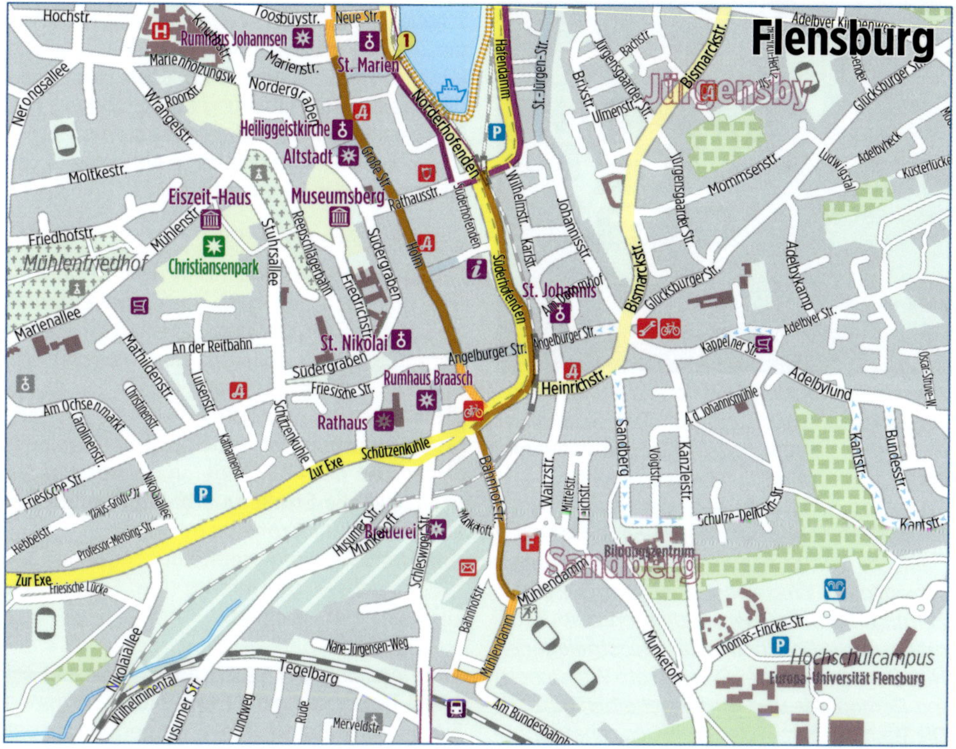

Flensburg

Zwischen Altona und Fredericia wurde in den vergangenen zwei Jahrhunderten häufiger die Grenze verschoben. Die Städte waren mal deutsch, mal dänisch – das verbindet.

Da ist es ganz natürlich, dass einem auch heute noch neben der deutschen Sprache das Dänische immer wieder im Alltag auf unterschiedlichste Weise begegnet. Zum Beispiel in Zeitungen und Fernsehsendungen, beim Kaufmann um die Ecke und in der nächstgelegenen Hot-Dog-Bude, wo es Pølser (rote Würstchen) mit Remoulade und Gurkenscheiben gibt.

Die Stadt hat den zweiten Weltkrieg nahezu unbeschadet überstanden, sodass man an allen Ecken der Stadt auf gut erhaltene historische Bauwerke aus den verschiedensten Epochen stößt. Eine behutsame Stadtsanierung tat ihr übriges, das Flair der alten Handelshäuser und Kaufmannshöfe sowie die lebendige und urige Atmosphäre der Gassen und des Hafens zu erhalten.

Anreise vom Bahnhof 2 km

Nach der Anreise mit der Bahn fahren Sie vom Bahnhof nach rechts ~ vom **Mühlendamm** an der Straßengabelung nach links ~ leicht bergab und unter der Brücke hindurch ~ an der **Friedrich-Ebert-Straße** rechts.

INS ZENTRUM **Ein Bummel durch die historische Altstadt von Flensburg ist unbedingt empfehlenswert. An der Fußgängerampel können Sie nach links die Straße queren, um geradeaus in die Fußgängerzone zu gelangen.**

Auf dem Radweg geradeaus entlang der Hauptstraße ~ am **Hafen** treffen Sie auf den Ostseeküsten-Radweg.

Von Flensburg nach Neukirchen 33,5 km

1 Ihre Tour entlang der Ostseeküste beginnen Sie am **Willy-Brandt-Platz**, wo gegenüber der Hafenpromenade die Schiffbrückstraße auf die Straße Norderhofenden trifft.

TIPP **Wollen Sie zum Auftakt der Tour noch ein paar Minuten das herrlich entspannte Hafenflair genießen, können Sie Ihr Rad auf der Promenade entlang der Hafenkante und der Bootsstege um die Bucht schieben und erst dann zur Hauptroute wechseln.**

Mit Blick auf das Hafenbecken wenden Sie sich nach rechts und fahren entlang der verkehrsreichen Straße **Norderhofenden** auf dem straßenbegleitenden Radweg ~ nach 150 m

Flensburg während der Rumregatta

halbrechts auf dem Radweg bleiben ~ kurz darauf über die Rathausstraße, dahinter links und die breite Straße an der Ampelkreuzung überqueren ~ unter der Bahn hindurch und auf dem rechtsseitigen Radweg entlang des **Hafendamms** ~ die Nordstraße queren, dann die nächste rechts in den **Unteren Lautrupweg** ~ die Straße gabelt sich, die linke der beiden mit dem Namen **Am Lautrupsbach** nehmen ~ bergauf und an der Ampelkreuzung links in die **Mürwiker Straße** ~ in die erste Straße **Am Volkspark** erneut links ~ immer geradeaus, am Ende der Gartenkolonie nach rechts in den **Volkspark** ~ auf einem unbefestigten Weg geht es nun in leichtem Auf und Ab kurvig durch das Parkgelände ~ an der nächsten Holzschranke links weiter im Park bleiben ~ an der Wegkreuzung weisen die Schilder nach links ~ den **Kinderspielplatz,** linksherum auf einem schmalen Pfad umfahren ~ danach den Schildern rechtsherum folgen, es geht an der **Jugendherberge** vorbei ~ am **Stadion** vorbei und auf der **Fichtestraße** zur **Mürwiker Straße,** hier nach links auf den straßenbegleitenden Radweg.

Mürwik (Flensburg)

Vorwahl: 0461

Marineschule Mürwik, Kelmstr. 14, ✆ 31350. Das imposante „Rote Schloss am Meer" ist Ausbildungsstätte aller deutschen Marineoffiziere. Im Wehrgeschichtlichen Ausbildungszentrum ist die Lehrsammlung untergebracht, die jeweils Dienstagnachmittag besichtigt werden kann. Die letzte Regierung des Dritten Reiches flüchtete sich am 2. Mai 1945 in die ehemalige Kommandeursvilla. Von der Marineschule aus verkündete Großadmiral Dönitz am 8. Mai 1945 die bedingungslose Kapitulation des Deutschen Reiches und damit das Ende der Nazischreckensherrschaft. @ lxh875

Wasserturm Mürwik, Am Volkspark Von der Aussichtsplattform genießt man einen herrlichen Blick über die Stadt und die Förde. @ wvj718

2 Nach einer leichten Steigung von der Mürwiker Straße links abzweigen in die Straße **Twedter Mark** ~ im Rechtsbogen am Sportplatz vorbei ~ an der Gabelung nach links weiter auf der Twedter Mark ~ an der nächsten Gabelung rechts halten und dem Rechtsbogen der Straße folgen.

VARIANTE Fahren Sie hier links, gelangen Sie auf direktem Weg an die Flensburger Förde. Der schmale Pfad führt steil bergab, Sie sollten daher schieben.

Dem Schild nach links in den unbefestigten Anliegerweg folgen ~ im Rechtsbogen des Weges bei der kleinen Holzschranke führen geradeaus zwei Pfade weiter, Sie nehmen den rechten der beiden Pfade und schieben nun das Rad teilweise steil bergab ~ am Ufer angelangt nach rechts wenden.

Auf der Hauptroute biegen Sie links in die Straße **Twedter Holz** ein ~ dann erneut links in den **Twedter Strandweg** ~ zum Jachthafen hinunterrollen und am Ufer nach rechts in den **Ewoldtweg** ~ auf einem unbefestigten Rad- und Fußweg nun ganz gemütlich am Ostseeufer entlang radeln ~ dieser Weg mündet in eine asphaltierte Straße ~ links halten und am Parkplatz vorbei, bei der Gabelung den rechten Weg nehmen ~ auf dem Radweg entlang der Landesstraße fahren Sie nun auf Glücksburg zu ~ **3** nach etwas mehr als 3 km links in die **Sandwigstraße** abzweigen.

VARIANTE Wenn Sie ins Zentrum von Glücksburg und zum Schloss wollen, fahren Sie hier auf dem straßenbegleitenden Radweg geradeaus weiter. Am Ufer des Schlossteiches entlang kommen Sie dann in die Stadt. Die unkommentierte Alternative führt Sie zurück zur Hauptroute.

Glücksburg (Ostsee)

Vorwahl: 04631

Touristinformation Glücksburg, Schinderdam 5, ✆ 451100, @ jso513

Waldmuseum, Holnisstr. 2, ✆ 2134, ✆ 409497, April-Okt., Sa, So 11-16 Uhr. In drei Räumen werden die Tier- und Pflanzenwelt sowie Kunstwerke zum Thema Wald gezeigt. @ pdk771

Schlosskapelle. Die Barockkapelle aus dem 18. Jh. befindet sich im Erdgeschoss des Schlosses und enthält Deckenfresken aus der Zeit der Erbauung. Der Schnitzaltar stammt aus der Zeit des Dreißigjährigen Krieges, die ehemalige Herrschaftsloge von 1717.

Marineschule Mürwik

Wasserschloss Glücksburg mit Museum, Schloss, ✆ 442330. Bildergalerie, Flämische Gobelins, Ledertapeten, Waffen- und Schatzkammer, Mobiliar des 18. und 19. Jhs., Graphik-Kabinett. Das dreigeschossige Renaissanceschloss wurde zwischen 1583 und 1587 in der aufgestauten Schwennau auf eine rechteckige Insel, auf der einst ein Zisterzienserkloster stand, erbaut. Abgesehen von dem alten Renaissance-Mittelturm, der durch einen Blitzschlag zerstört und an dessen Stelle 1768 ein Barockturm errichtet wurde, blieb das Schloss in seiner ursprünglichen Architektur erhalten. Sein Name leitet sich von dem über dem Portal eingemeißelten Wahlspruch „G.G.G.M.F." („Gott gebe Glück mit Frieden") ab. @ qag553

artefact Powerpark, Bremsbergall. 35, ✆ 61160. Auf einem einzigartigen Gelände wird kleinen und großen Forschern an

Wasserschloss in Glücksburg

mehr als 30 Stationen gezeigt, wie Energie erzeugt und umgewandelt wird.

Menke-Planetarium, Fördestr. 37, Sandwig (Glücksburg (Ostsee)), ✆ 8051273, @ ssr712

Auf der Hauptroute dem Verlauf der **Sandwigstraße** folgen, dann rechts in den **Lindenweg** ⤳ nach rechts und an der Gabelung links auf die **Paulinenallee** in Richtung Schloss ⤳ am nächsten Abzweig führt die Route links auf der **Schwennaustraße** weiter aus Glücksburg hinaus ⤳ leicht rechts auf dem **Schausender Weg** weiter ⤳ in Kurven und ganz leicht hügelig radeln Sie zwischen den Häusern hindurch ⤳ der Asphaltweg wird zu einem zweispurigen Betonplattenweg ⤳ an der asphaltierten Straße in **Schausende** nach rechts auf den straßenbegleitenden Radweg ⤳ noch bevor Sie zur Vorfahrtsstraße kommen, zweigen Sie rechts ab in das kleine Sträßchen ⤳ leicht bergauf und vorbei an Bockholm geradeaus bis zur Vorfahrtsstraße ⤳ auf dieser geradeaus weiter ⤳ **4** an der Bushaltestelle „Altes Zollhaus“ links in Richtung Langballig ⤳ auf dieser asphaltierten Straße werden Sie von den Radschildern zuverlässig durch die hügelige Landschaft geführt ⤳ an der Kreuzung geradeaus ⤳ an der Straßengabelung rechts ⤳ kurz darauf links und an der T-Kreuzung halblinks nach Siegum.

Siegum

Bei den Häusern links Richtung Langballig ⤳ bei der **Bushaltestelle** rechtsherum ⤳ an der T-Kreuzung dem Schild des Ostseeküsten-Radwegs nach links in das Landschaftsschutzgebiet folgen ⤳ kurz danach rechts ⤳ der unbefestigte Weg führt auf eine Straße ⤳ an der nächsten Kreuzung links ⤳ an der Hauptstraße links, ein Radweg ist vorhanden.

Langballigholz (Langballig)

Vorwahl: 04636

Tourist-Information, Süderende 1, Langballig, ✆ 8880, @ opu555

NSG Tal der Langballigau. Im etwa 124 ha großen Naturschutzgebiet befindet sich eine beeindruckende Tier- und Pflanzenwelt.

AUSFLUG **Wenig später empfiehlt sich linker Hand eine Variante zum Hafen und zur Promenade in Westerholz, auf der Sie außerdem den Strand sehen können.**

Westerholz auf dem Radweg durchfahren.

Rumregatta in der Flensburger Förde

3
Schausende
Buusholm
Pugumer See
Schiedenhohlweg
Bockholm
Schwennau
Fiedeholz
Waldmuseum
Glücksburg
(Ostsee)
Fördeland Therme
Schlossteich
artefact Powerpark
Brusmark
Bockholmwik
NSG Höftland Bockholmwik und angrenzende Steilküsten
Wahrberg
L96
Rüde
Geil
Mühlenteich
Siegum
Ulstrupfeld
Langballigau
Westerholz
Langballigholz
Windmühle Steinadler
Freienwillen
Balm
Langballigkaten
Ulstrup
NSG Tal der Langballigau
21
Kragholm
Ringsberg
K99
5
1,5
1,4
1,4
5,7
1,4
1,6
1,2
0,8
2
4

Segler vor Westerholz

Westerholz

Vorwahl: 04636

- **Tourist-Information**, Süderende 1, Langballig, ✆ 8880, @ opu555
- **Windmühle Steinadler**, Haffstr. 12. Der Galerieholländer wurde 1855 erbaut. Die Mühle ist heute nicht mehr in Betrieb.

5 Am Ortsende links nach Neukirchen und Dollerupholz abzweigen.

AUSFLUG Für einen Besuch des Landschaftsmuseums Angeln folgen Sie dem straßenbegleitenden Radweg noch 1,5 km geradeaus und zweigen an der Kreuzung in Norderfeld rechts ab. Wenn Sie das Freilichtmuseum mit den schönen alten Bauernhäusern besichtigen wollen, sollten Sie etwas Zeit einplanen. Eine Einkehrmöglichkeit gibt es im Landhaus Unewatt.

Langballig

Vorwahl: 04636

- **Touristinformation**, Süderende 1, ✆ 8880, @ opu555
- **Landschaftsmuseum Angeln**, Unewatter Str. 1a, ✆ 1021, Mai-Sept., Di-So 10-17 Uhr, April-Okt., Fr-So 10-17 Uhr. Auf den fünf sogenannten Museumsinseln können das Marxenhaus, die Buttermühle, die Christensen-Scheune, die Räucherei und die holländische Windmühle Fortuna besichtigt werden. Ziel des 1987 gegründeten Museums ist die Pflege und der Erhalt des kulturlandschaftlichen Erbes. @ ngq367

Immer weitr auf dem Radweg entlang der **K 99** ~ **6** ca. 1 km vor Neukirchen endet der Radweg nun weiter auf der Straße.

Neukirchen (Steinbergkirche)

Von Neukirchen nach Kappeln *39,5 km*

Im Neukirchener Ortsteil **Nieby** an der T-Kreuzung rechts ~ am Ortsende links nach **Habernis** ~ am **Campingplatz** und am **Strandcafé** vorbei ~ an der Dreieckskreuzung rechts ~ hinter Habernis geht es leicht bergab ~ **7** kurz darauf weist ein Schild links in einen Wiesenweg mit zwei gepflasterten Fahrstreifen ~ nach dem Linksbogen vor dem Haus nach rechts ~ dem Verlauf des Wegs folgen und um den Campingplatz herum ~ an der Vorfahrtsstraße nach links Richtung Steinberghaff und Steinbergholz ~ **8** die Hauptroute führt in Steinbergholz links nach Steinberghaff.

Steinbergholz

VARIANTE An der Abzweigung müssen Sie sich entscheiden: Die offizielle Route führt hinunter zum Strand und direkt am Ufer entlang. Von Nachteil sind jedoch die teilweise schlecht befahrbaren Wege, Sie müssen hier sogar ein Stück über den Strand durch recht tiefen Sand waten und auf einem felsigen schmalen Pfad entlang holpern (mit Gepäck oder Anhänger nicht zu empfehlen). Die etwa gleich lange Alternativroute (ohne Beschilderung) verläuft auf dem Radweg entlang der mäßig stark befahrenen B 199. Sie können entweder an der Fähranlegestelle Geltingmole, welche inzwischen als Café genutzt wird, wieder zur Hauptroute zurückkehren oder Gelting noch einen Besuch abstatten und erst bei Goldhöft wieder zum Ostseeküsten-Radweg zurückkommen.

Ausweichvariante *10 km*

Sie fahren in **Steinbergholz** einfach auf dem Radweg weiter bis zur Bundesstraße und

4
Flensburger Förde
Langballigau
Langballigholz
Westerholz
Windmühle Steinadler
NSG Tal der Langballigau
Unewattholz
Grünberg
Dollerupholz
Seeklüft
35
Mühlendamm
Neukirchen
Nieby
Habernis
Reiterhof
Gintofholz
Norgaardholz
Langballig
Langballigau
Unowatt
Norderfeld
Flensberg
Terkelstoft
Nordballig
Friedrichstal
Philipstal
Fuchsgarben
Roikier
Gintoftholm
Ostenberg
Dollerup
Kalleby
Wolsroi
Aubrück
K99
K100
L248
1,6
1,2
0,8
5,2
2,6
5,2
30
30
2
23
3
5

folgen diesem dort links bis zur Abzweigung zur **Fähranlegestelle** ⇝ wenn Sie auf der Ausweichvariante noch weiter nach Gelting fahren wollen, dann bleiben Sie auf dem Radweg an der Bundesstraße ⇝ in Gelting links in die Straße **Norderholm**.

Gelting

Vorwahl: 04643

- **Ferienland Ostsee-Geltinger Bucht e. V.**, Nordstr. 1a, ✆ 777, @ cpm144
- **St. Katharinen**, Norderholm. Die spätgotische Backsteinkirche besitzt neben einem Schnitzaltar eine vom Bildhauer Johann C. Schmädl gestaltete klassizistische Altarwand und ein Holztaufbecken.
- **Wasserschloss Gelting**, Gut Gelting. Das Wasserschloss aus den Jahren 1470 und 1722 ist wie so viele Guts- und Herrenhäuser der Region nur von außen zu besichtigen. Das ehemals dänische Krongut zählt heute zu den größten Gütern auf der Halbinsel Angeln.
- **Badestrände**. Folgende Strände sind während der Badesaison DLRG-bewacht: Steinberg/Norgaardholz, Pottloch, Kronsgaard, Hasselberg. Alle Strände sind kurtaxenfrei.

Spätestens seit dem 1. Jahrhundert n. Chr. siedelte in dem Gebiet zwischen der heutigen Flensburger Förde und der Schlei der zu den Elbgermanen zählende Volksstamm der Angeln, die Namensgeber der gleichnamigen Landschaft. So berichtet Tacitus im Jahr 98 n. Chr. in seiner Darstellung „De origine et situ Germanorum" von „Anglii" als einem Hauptstamm auf der kimbrischen Halbinsel. Damit zählt der Name dieser Region zu den ältesten erwähnten Landschaftsnamen des heutigen nördlichsten Bundeslandes. Im 5. Jahrhundert n. Chr., kurz nach dem Rückzug der Römer aus Britannien, segelten die Angeln gemeinsam mit den Sachsen und Jüten von Sylt nach Britannien. Dort führten sie einen Eroberungszug an und gründeten vorwiegend an der Südostküste die sieben Kleinkönigreiche East Anglia, Mercia, Northumbria, Kent, Sussex, Essex und Wessex, die 1066 an Wilhelm den Eroberer, Herzog der Normandie, fielen. Seit dem 9. Jahrhundert wanderten verstärkt Germanen aus dem Norden nach Angeln ein. Noch heute zeugen die Dorfnamen mit ihren Endungen auf -by, -torp oder -büll von dieser Zeit.

Auf dem Radweg entlang der Hauptstraße geht es weiter Richtung Nieby ⇝ nach dem Rechtsbogen der Vorfahrtsstraße biegen Sie links ab in die Straße **Goldhöft** ⇝ kurz vor dem Ort treffen Sie wieder auf die Hauptroute.

Die offizielle Route führt nach **Steinberghaff** ⇝ Sie passieren das **Strandhotel** und fahren auf einem unbefestigten Weg zum Ufer ⇝ am Steg vorbei und weiter geradeaus auf einem unbefestigten Weg, passen Sie hier bitte auf die Fußgänger auf ⇝ der Weg führt dann vom Ufer weg in den Wald ⇝ beim Haus links ⇝ an der ersten Kreuzung im Wald erneut links zum Ufer zurück ⇝ der Weg am Ufer kann abschnittsweise sehr sandig sein ⇝ den kleinen Bach queren und dem Weg nach rechts folgen ⇝ beim Parkplatz rechts in die Straße einbiegen ⇝ an der T-Kreuzung links in die Sackgasse ⇝ hinter dem reetgedeckten Haus weiterhin der Asphaltstraße folgen ⇝ vor dem nächsten Haus mit dem Gartenzaun links durch die Absperrung ⇝ es folgt ein felsiger Pfad am Ufer, auf dem Sie am besten schiebend vorwärtskommen ⇝ kurz vor dem Hafenbecken rechts abbiegen, dann bald links halten ⇝ am Parkplatz entlang, dann beim Hafen die Straße queren und im Links-Rechts-Schwenk um das Café herum zum Uferweg zurück.

Geltingmole

Sie gelangen wieder zum Deichweg und fahren weiter am Wasser entlang ⇝ der unbefestigte

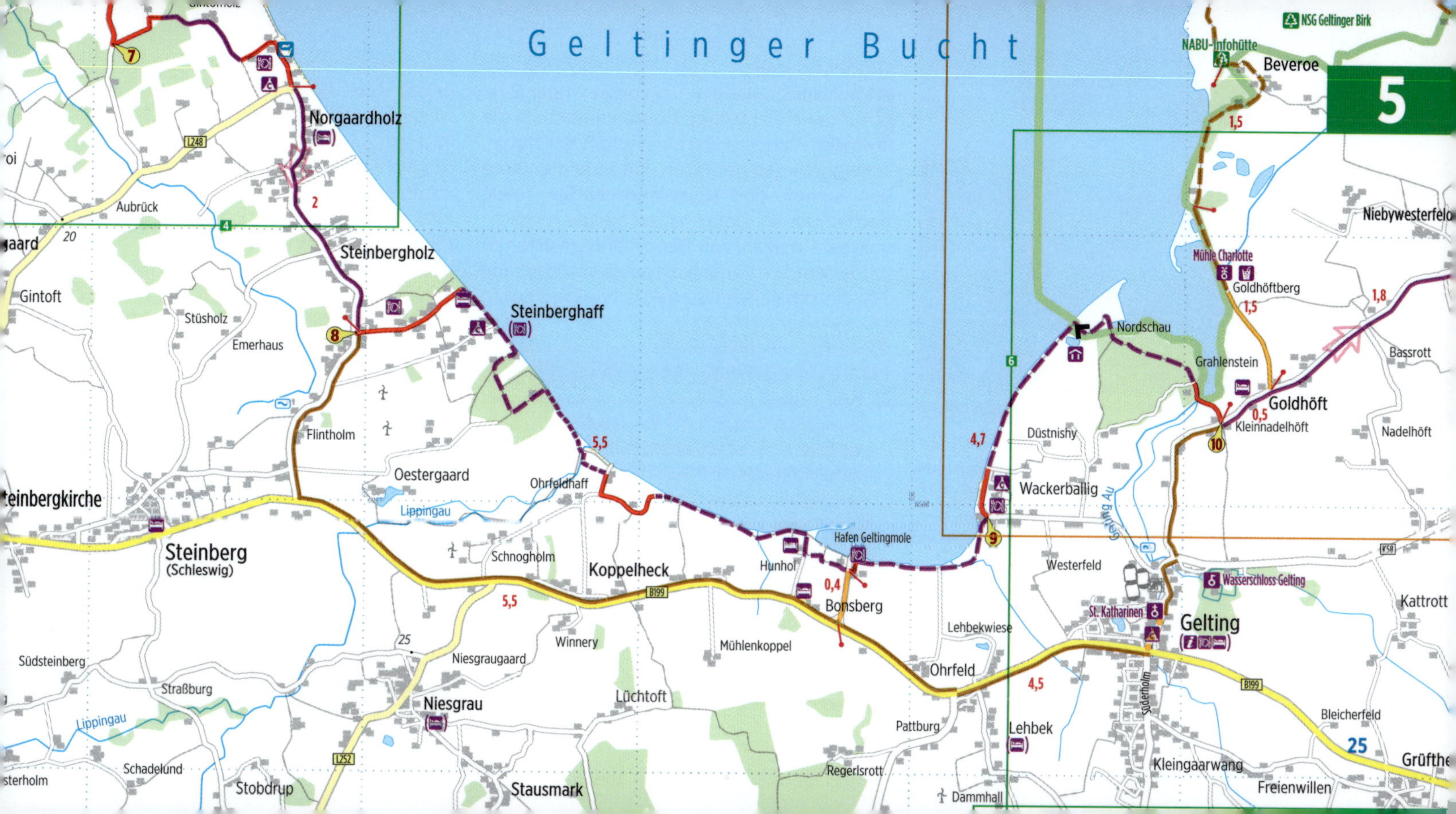
Geltinger Bucht
5
NSG Geltinger Birk
NABU-Infohütte
Beveroe
Norgaardholz
L248
Aubrück
20
4
Gintoft
Steinbergholz
Steinberghaff
Stüsholz
Emerhaus
Nordschau
Grahlenstein
Mühle Charlotte
Goldhöftberg
Niebywesterfeld
Bassrott
Goldhöft
Kleinnadelhöft
Nadelhöft
Flintholm
Oestergaard
Ohrfeldhaff
Lippingau
Düstnishy
Wackerballig
Steinbergkirche
Steinberg (Schleswig)
Schnogholm
Koppelheck
Hunhof
Hafen Geltingmole
Bonsberg
Westerfeld
Wasserschloss Gelting
St. Katharinen
Gelting
Kattrott
B199
K58
Winnery
Niesgraugaard
Mühlenkoppel
Lehbekwiese
Ohrfeld
Südsteinberg
Straßburg
Niesgrau
Lüchtoft
Pattburg
Lehbek
Süderholm
Bleicherfeld
25
Grüfthe
Schadelund
Stobdrup
L252
Stausmark
Regerlsrott
Dammhall
Kleingaarwang
Freienwillen
Geltingau
Gelting Au

Geltinger Birk

Weg führt nach **Wackerballig** ⤳ **9** an der asphaltierten Straße nach links und geradeaus wieder auf einen geschotterten Weg auf dem Deich ⤳ am Ende des Weges verlassen Sie den Deich auf einem Pfad, der kurz steil bergab führt ⤳ an der idyllischen Bucht vorüber und auf einem gut befahrbaren Weg in den Wald hinein ⤳ bei der Brücke kommen Sie auf Asphalt ⤳ **10** in Goldhöft an der T-Kreuzung nach links ⤳ nach ca. 450 m am Abzweig geradeaus weiter fahren.

Goldhöft (Gelting)

AUSFLUG Nach links gelangen Sie zur Geltinger Birk. Auf der 11 km langen Route können Sie die abwechslungsreiche Landschaft des Naturschutzgebietes genießen. Sie radeln entlang von Sumpf- und Heidelandschaften sowie flachen Dünen. Dabei haben Sie die Möglichkeit, eine Vielzahl von Tier- und Vogelarten zu entdecken. Die Variante ist ausgeschildert und Teil des offiziellen Ostseeküsten-Radwegs.

Ausflug Geltinger Birk 11 km

Mühle Charlotte (Nieby)

Mühle Charlotte. Die Schöpfmühle ist das Wahrzeichen der Region. Benannt wurde die 1824 erbaute Mühle nach Charlotte von Bjelke, einer Geltinger Adligen. Mühle Charlotte und eine weitere Mühle hatten im 19. Jh. das Wasser aus dem Noor über die Schöpfschnecke in die Geltinger Bucht befördert. Sie befindet sich heute in Privatbesitz.

NSG Geltinger Birk

Das Naturschutzgebiet Geltinger Birk besteht seit 1934 und ist das größte Naturschutzgebiet des Kreises Schleswig-Flensburg. Im 773 Hektar großen Areal sind bis zu 170 Vogelarten und 380 z. T. geschützte Pflanzenarten zu beobachten. Beweidet wird das Naturschutzgebiet von Wildpferden und Highland-Rindern. Nachtwanderungen zu Sonnenaufgang leitet die Geltinger Pastorin, Führungen und naturkundliche Beratungen führt der Naturschutzwart des Naturschutzbundes Deutschland (NABU) durch. Das Informationszentrum „Integrierte Station Geltinger Birk" befindet sich in Falshöft. Dort steht auch der Leuchtturm mit einem Trauzimmer.

Beveroe (Nieby)

NABU-Infohütte. Informationen für Besucher zur Vogelwelt und Botanik des Naturschutzgebietes Geltinger Birk. Zur unmittelbaren Beobachtung steht ein Fernrohr zur Verfügung.

Leuchtturm Falshöft

Falshöft (Nieby)

Leuchtturm Falshöft, April-Okt., Di-So 15-17 Uhr. Nach 2-jähriger Bauzeit wurde der Leuchtturm im Jahr 1910 in Betrieb genommen. Seit März 2002 steht er nicht mehr im aktiven Dienst der Schifffahrt. @ gvo752

Auf der Hauptroute folgen Sie dem Radweg in Richtung Nieby.

Nieby

11 Rund 1,5 km hinter dem Ort an der Wegkreuzung den Schildern nach links Richtung **Niedamm** folgen ~ am Ende der Asphaltstraße rechts in den unbefestigten Anliegerweg ~ an der Straße links auf den Radweg und durch Düttebüll.

Düttebüll (Kronsgaard)

Gutshaus. Das Gutshaus (ca. 17. Jh.) ist von einem Wassergraben umschlossen. Die Anlage befindet sich in Privatbesitz und kann nicht besichtigt werden.

12 An der Kreuzung zweigen Sie links ab Richtung Strand und Pottloch.

VARIANTE Wenn Sie dem Radwegeschild geradeaus folgen, erreichen Sie auf einer unkommentierten Asphaltvariante ebenfalls die Uferstraße. Dafür halten Sie sich an den Abzweigungen links.

Unten an der Küste wieder rechts auf einen unbefestigten Weg ~ in **Kronsgaarderdrecht**

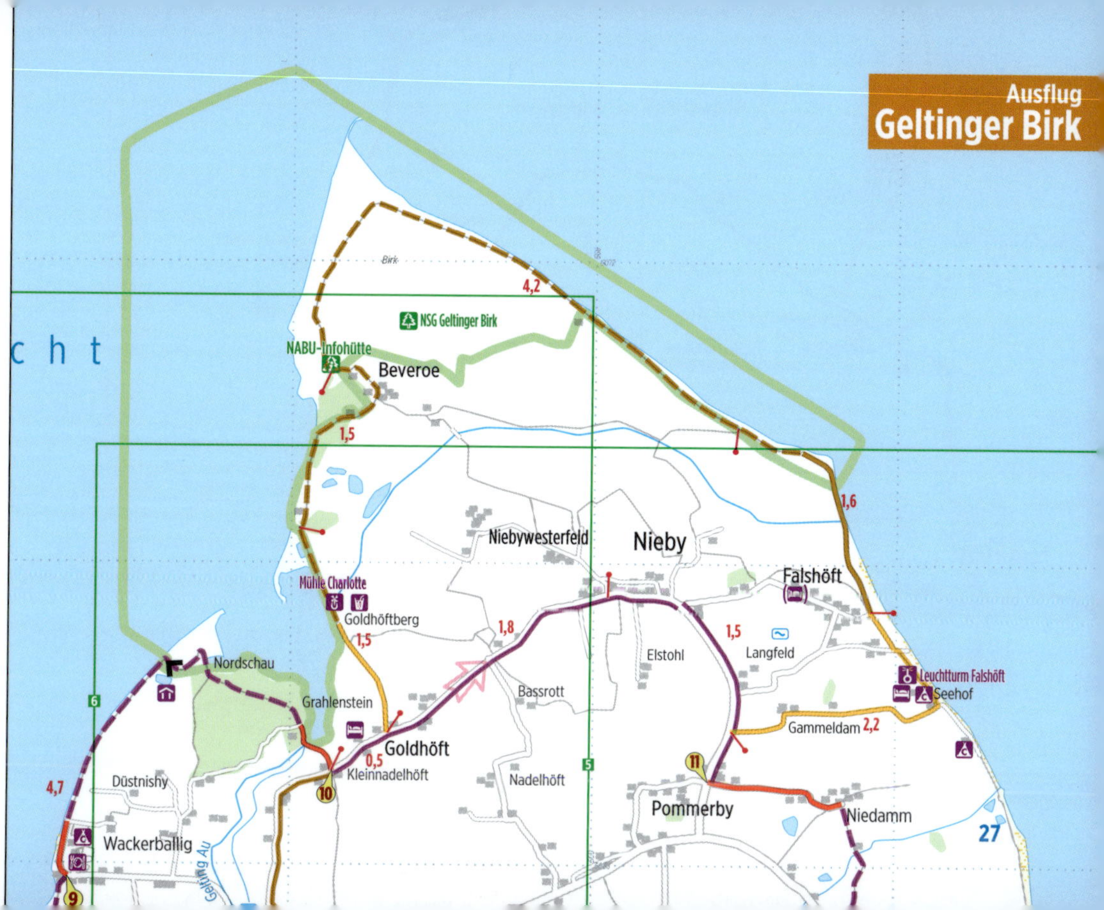

auf dem Radweg am Ufer entlang ~ am Ende des Radwegs immer dem Straßenverlauf folgen ~ **13** an der Querstraße rechts, dann kurz darauf links den Schildern zur Bundesstraße folgen ~ an der Vorfahrtsstraße rechts auf den Radweg, dann die **B 199** queren ~ in Schwackendorf links nach Kappeln.

Schwackendorf (Hasselberg)

Kurz vor dem Ortsausgang rechts Richtung Stutebüll auf der Straße **Süderfeld** ~ mit einer Rechtskurve nach Stutebüll und an der T-Kreuzung nach links fahren.

Stutebüll

14 An der nächsten T-Kreuzung erneut links Richtung **Rabel**, dann nach 350 m rechts in die Straße **Grimsfeld** ~ hinter Grimsfeld an der Vorfahrtsstraße links, an der Bundesstraße dann nach rechts ~ nach ca. 600 m links in die Straße nach **Grauhöft** ~ den **Grauhöfter Hafen** passieren und auf einem unbefestigten Rad- und Fußweg ins Hafengebiet von Kappeln ~ zur Schleibrücke, für die Weiterfahrt die Schlei queren, das Stadtzentrum von Kappeln liegt zu Ihrer Rechten.

Kappeln

Vorwahl: 04642

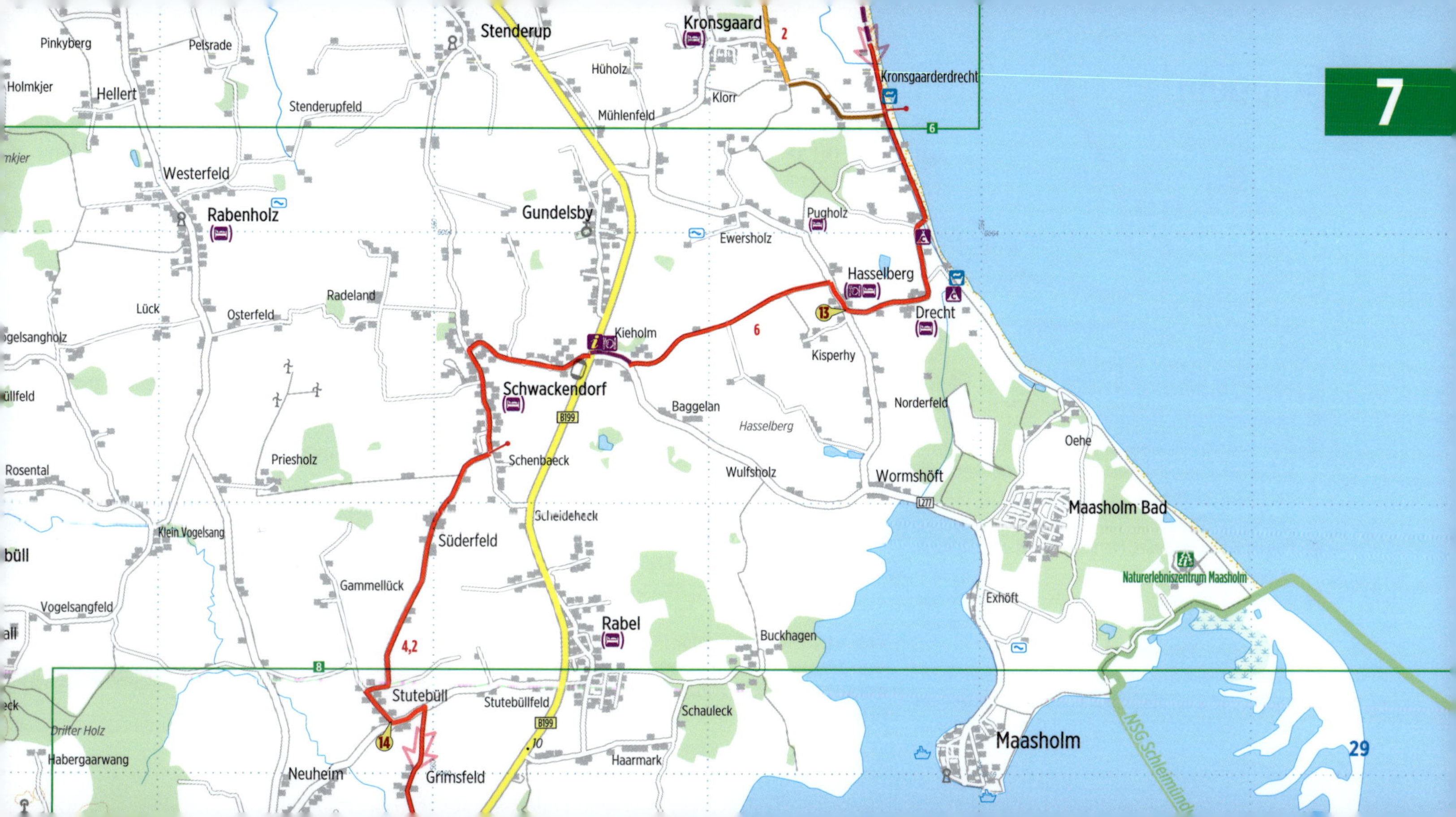
7
Stenderup
Kronsgaard
2
Pinkyberg
Pelsrade
Holmkjer
Hellert
Hüholz
Kronsgaarderdrecht
Stenderupfeld
Klorr
Mühlenfeld
6
Westerfeld
Rabenholz
Gundelsby
Pugholz
Ewersholz
Hasselberg
Radeland
Lück
Osterfeld
13
Drecht
Kieholm
6
Kisperhy
Schwackendorf
Baggelan
Norderfeld
B199
Hasselberg
Oehe
Priesholz
Schenbaeck
Rosental
Wulfsholz
Wormshöft
L277
Maasholm Bad
Scheideheck
Klein Vogelsang
Süderfeld
Naturerlebniszentrum Maasholm
Gammellück
Exhöft
Vogelsangfeld
Rabel
Buckhagen
4,2
8
Stutebüll
Stutebüllfeld
Schauleck
B199
14
Maasholm
29
10
Habergaarwang
Haarmark
Neuheim
Grimsfeld
NSG Schleimünd

Tourist-Information, Schleswiger Str. 1, ✆ 4027, @ wqf315

Museumsbahn, Bahnhofsweg, ✆ 9251653. Während der Saison verkehrt die Angelner Dampfeisenbahn mit historischen Loks und Waggons mittwochs, samstags und sonntags zwischen Kappeln und Süderbrarup. @ bwr586

Museumshafen, Nestleweg. Hier liegen Fischer- und Frachtsegler vor Anker. @ ltu475

St. Nicolai, Kehrwieder. In der 1789-1793 erbauten Barockkirche zählen zwei Emporen, prächtige Altar-, Kanzel- und Orgelaufbauten zu den sehenswerten Ausstattungsstücken.

Windmühle Amanda, Schleswiger Str. Die 1888 gebaute Windmühle ist mit einer Höhe von 27 m, den 9 Stockwerken und einem Flügeldurchmesser von 23 m die größte Holländerwindmühle Schleswig-Holsteins. Hier sind die Tourist-Information und das Trauzimmer des Standesamtes Kappeln untergebracht.

Aalräucherei Föh, Dehnthof 26-28, ✆ 2274. Seit über 100 Jahren wird in traditionellen Altonaer Öfen mit Buchenholz und Erlenspänen geräuchert. Frisch aus der Räucherei werden die Meeresspezialitäten im Geschäft verkauft. @ wol718

Dampferfahrten auf der Schlei. Fahrten sind zu buchen unter ✆ 6532. Weitere Infos zu Schifffahrten sind in der Tourist-Information erhältlich. @ ufd114

Heringszaun, Am Hafen. Die einzige erhaltene Fischfanganlage dieser Art aus dem 15. Jh. ist noch voll funktionsfähig. Sie besteht aus einer Reuse, die in einem Fangnetz endet. Jährlich werden so Heringe auf dem Weg zu ihren Laichgebieten gefangen.

Historische Altstadt. Die historische Altstadt von Kappeln befindet sich auf einer kleinen Anhöhe und erstreckt sich rund um die Kirche St. Nikolai.

Schleibrücke. Die Doppel-Klappbrücke öffnet sich allstündlich für den Schiffsverkehr.

Stadtführung auf den Spuren des „Landarztes", Schleswiger Str. 1, Mai-Okt., jeweils Di 15-16.30 Uhr. Dauer: ca. 2 Std. Informationen bei der Tourist-Information.

Von Kappeln nach Damp — *21,5 km*

Auf dem Radweg neben der Straße auf der **Klappbrücke** über die Schlei ⤳ **15** nach der Brücke in die erste Straße nach links abzweigen, die **Ellenberger Straße** ⤳ an der querenden **Holtenauer Straße** geradeaus in den Rad- und Fußweg ⤳ an der nächsten Kreuzung einfach geradeaus auf den straßenbegleitenden Radweg und weiter bis nach Olpenitz ⤳ bei Gut Olpenitz links auf die **Olpenitzer Dorfstraße** einbiegen.

Olpenitzdorf (Kappeln)

Die Ortschaft durchqueren ⤳ gegen Ortsende nach rechts auf den **Weidefelder Weg** und zur Landesstraße zurück ⤳ **16** an der Kreuzung mit der L 286 biegen Sie links ab Richtung Hafen Olpenitz ⤳ im Links-Rechts-Schwenk

Kappeln, Museumshafen

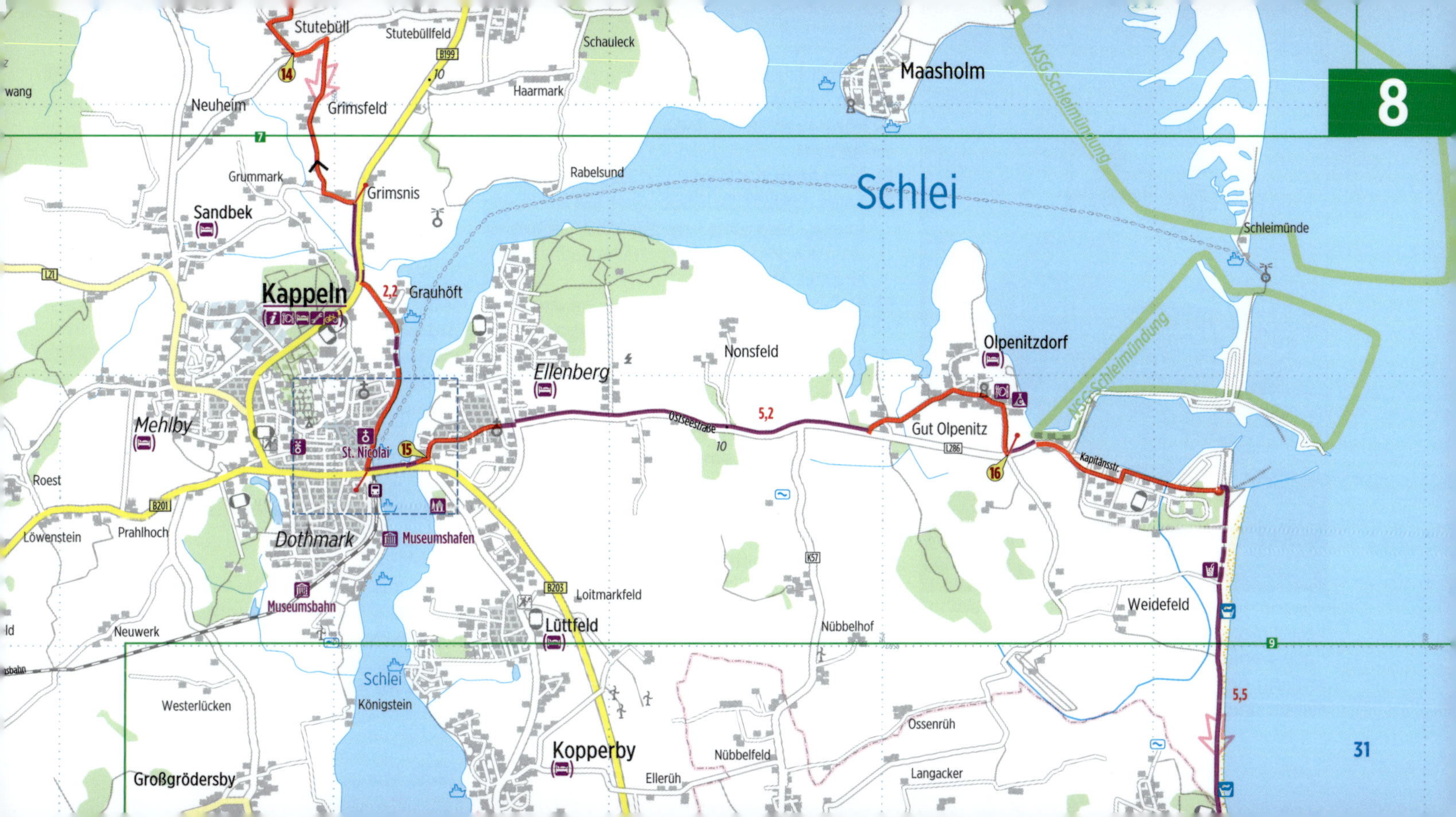

8
31
Schlei
Maasholm
Kappeln
Stutebüll
Stutebüllfeld
Schauleck
Grimsfeld
Haarmark
Neuheim
Grummark
Grimsnis
Rabelsund
Sandbek
Grauhöft
2,2
Schleimünde
NSG Schleimündung
Olpenitzdorf
Nonsfeld
Ellenberg
Ostseestraße
5,2
Gut Olpenitz
Kapitänsstr.
Mehlby
St. Nicolai
Roest
Löwenstein
Prahlhoch
Dothmark
Museumshafen
Museumsbahn
Neuwerk
Loitmarkfeld
Lüttfeld
Nübbelhof
Weidefeld
5,5
Westerlücken
Königstein
Kopperby
Ossenrüh
Nübbelfeld
Langacker
Ellerüh
Großgrödersby

Windmühle Amanda in Kappeln

vor zum Hafenbecken ~ am kleinen Kreisverkehr links, dann gleich rechts abbiegen und nach wenigen Metern erneut rechts ~ weiter entlang des Strandstreifens ~ am Parkplatz rechts und diesen überqueren ~ rechts auf die **Strandstraße** und auf dieser nach Schönhagen hinein.

Schönhagen (Brodersby (Schwansen))

Vorwahl: 04644

- **Tourist-Information**, Strandstr. 13, ✆ 7091000, @ hwp772
- **Schloss**, Schlossstr. Das Schloss wurde 1889 im Stil eines Schleswig-Holsteinischen Feriensitzes erbaut. Umgeben von einem großen Park liegt es an einem Schlossteich und beherbergt heute eine Reha-Klinik.
- **NABU-Info-Hütte**, zwischen Strand und Schwansener See. Führungen finden regelmäßig von April bis Okt. statt.

Auf dem Radweg entlang der Hauptstraße Schönhagen verlassen.

VARIANTE **Sie haben die Möglichkeit, direkt am Strand nach Damp zu radeln, allerdings ist der Weg ab dem Campingplatz etwas sandig. Zweigen Sie dafür nach dem Ort am kleinen Parkplatz links ab.**

17 100 m nach der Einfahrt mit Parkplatz nach links in den zweispurigen Betonplattenweg ~ dem Hauptweg folgen, im Zick-Zack geht es durch die Höfe von **Krim** und **Schwonendahl** ~ in Kurven durch die Felder nach **Karlberg** ~ an der Kreuzung links ~ in Karby an der T-Kreuzung mit der größeren Straße erneut links.

Karby

Vorwahl: 04644

- **Tourist-Information**, Strandstr. 13, Schönhagen (Brodersby (Schwansen)), ✆ 7091000, @ hwp772
- **Gotische Backsteinkirche**, Schulweg. In der Kirche aus dem 13. Jh. sind neben gotischen Elementen ein romanisches Granittaufbecken aus dem 12. Jh. und ein Grabstein aus Kalkstein mit Ritter-Ehepaar-Motiv aus der Zeit um 1600 zu besichtigen.

Auf dem Radweg entlang der Straße erst durch **Dörphof**, dann durch Schuby.

Schuby

18 Kurz vor dem Ortsausgang links Richtung Damp und Schubystrand ~ in Kurven auf dem Radweg weiter ~ **19** nach knapp 2 km biegen Sie links ab ~ rechts an der Feriensiedlung vorbei ~ in Damp stoßen Sie auf eine Querstraße, hier nach links.

Damp

Vorwahl: 04352

- **St.-Johannis-Stift**, Sankt-Johannis-Stift. Das Gebäudeensemble wurde 1742 auf dem Gut Damp errichtet, dazu gehört auch eine romantische Kapelle.
- **Gutshof Damp**, Hegenholz. Der Gutshof ist Namensgeber für die 1927 entstandene Gemeinde. In dem zweigeschossigen Herrenhaus befindet sich die barocke Festhalle mit Orgel und

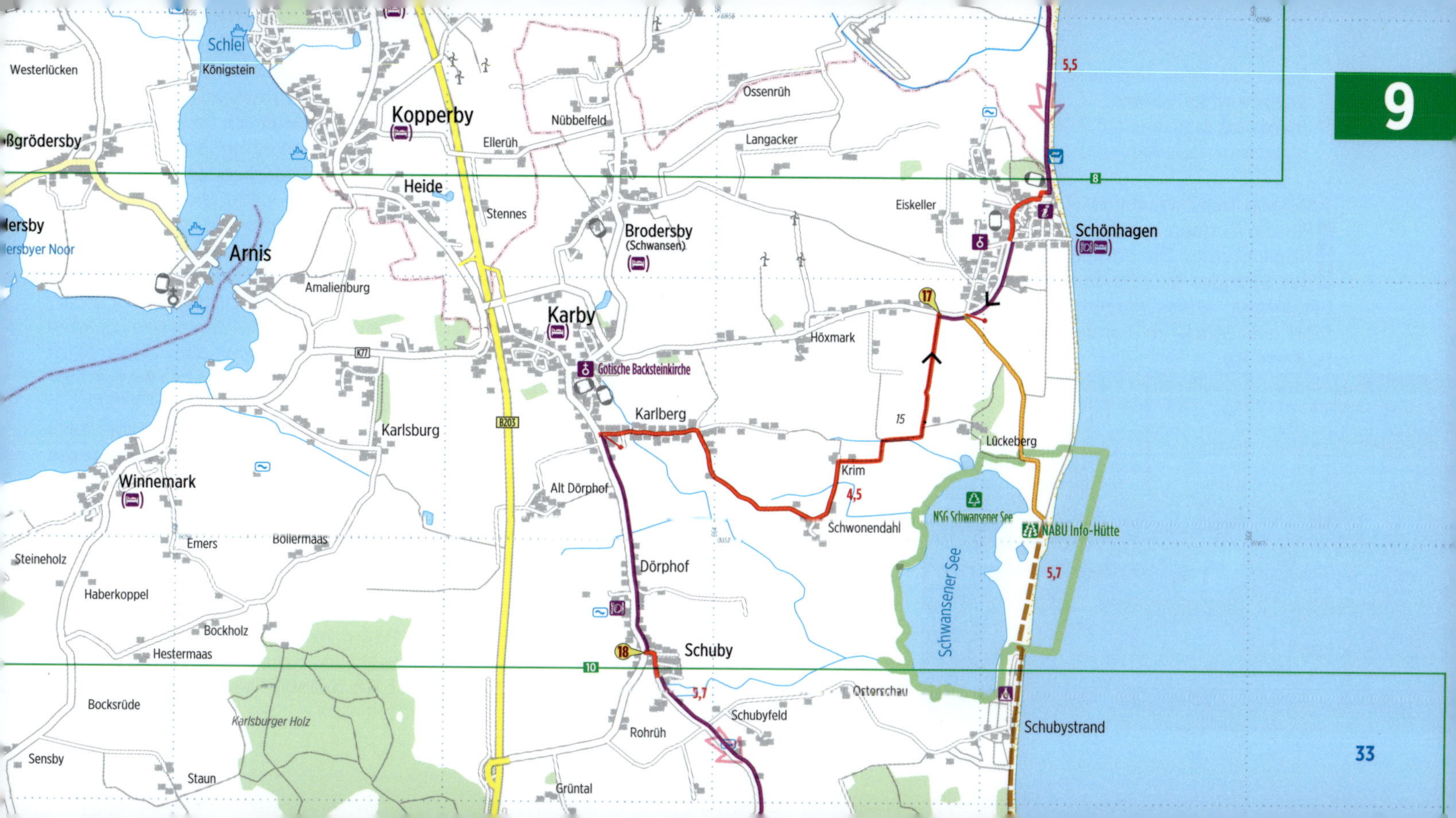

9
Schlei
Westerlücken
Königstein
Kopperby
Nübbelfeld
Ossenrüh
Langacker
ßgrödersby
Ellerüh
Heide
Stennes
Eiskeller
Schönhagen
lersby
lersbyer Noor
Arnis
Brodersby
(Schwansen)
Amalienburg
Karby
Höxmark
K77
Gotische Backsteinkirche
Karlberg
Karlsburg
B203
15
Lückeberg
Winnemark
Alt Dörphof
Krim
4,5
NSG Schwansener See
NABU Info-Hütte
Schwonendahl
Emers
Bollermaas
Steineholz
Dörphof
Schwansener See
5,7
Haberkoppel
Bockholz
Hestermaas
Schuby
17
18
10
8
5,5
3,7
Osterschau
Bocksrüde
Karlsburger Holz
Schubyfeld
Rohrüh
Schubystrand
Sensby
Staun
Grüntal
33

Empore. Schmuckstück dieses Raumes ist die reichverzierte Stuckdecke mit den Musikengeln.

Entdeckerbad, Seeuferweg 24, ✆ 801900. Schwimmbad mit Erlebnisrutsche, Sauna-Wikingerdorf. @ vhf122

Von Damp nach Eckernförde 22 km

VARIANTE Für die Ausfahrt aus Damp haben Sie zwei Möglichkeiten. Die offizielle Route entlang des Strandes ist sehr sandig. Unsere gut befahrbare, etwas kürzere Ausweichroute führt ein Stück im Landesinneren weiter (s. Karte 10).

Yachthafen in Ostseebad Damp

Die offizielle Route führt in Damp kurz hinter der **Kirche** in die erste Straße rechts, dann links Richtung Hafen in die Straße **Niebymole** ~ am **Strand** nach rechts ~ nach knapp 1,5 km beim **Campingplatz** nach rechts, dem Radweg an der Straße folgen ~ **20** an der Vorfahrtsstraße links auf den linksseitigen Radweg Richtung Waabs und Eckernförde ~ durch **Großwaabs** und später durch Kleinwaabs hindurch.

Kleinwaabs (Waabs)

Marienkirche, Kirchstr., Waabs. Die ältesten Teil der Kirche stammen aus dem 15. Jh. Im Inneren befinden sich sehenswerte Kunstwerk, wie z. B. gotische Holzskulpturen und eine geschnitzte Kanzel aus dem 16. Jh.

21 Am Ortsausgang weiter auf dem Radweg ~ an Gut Ludwigsburg vorbei.

Ludwigsburg (Waabs)

Gut Ludwigsburg, Ludwigsburg 1, ✆ 04358/98818. Besichtigung nach vorheriger Anmeldung unter ✆ 98818. Das Schloss wurde 1768 nach Friedrich Ludwig van Delm benannt. Bis zu diesem Zeitpunkt blickte das Herrenhaus unter dem Namen Gut Kohöved auf eine bereits bis ins 14. Jh. zurückreichende Geschichte. Besonders sehenswert ist das Herrenhaus, das um 1740 erbaut wurde. Es zählt zu den schönsten Barockbauten Schleswig-Holsteins. Das Gut, das von einem Burggraben umgeben ist, wird heute noch bewirtschaftet, mit Hofladen und Räucherei. @ ohm668

Gut Ludwigsburg zählt zu den Herrenhäusern Schleswig Holsteins, in denen es nach allen Regeln des Spukens wahrlich unheimlich ist. Wie es dazu gekommen ist, erfährt man aus einer Legende über den Hausgeist: Es war einmal eine stolze Adelsfrau, die auf Gut Ludwigsburg lebte. Eines Tages vermisste sie die Löffel ihres Tafelsilbers. Alles Suchen in dem Herrenhaus nützte jedoch nichts, die Löffel blieben verschwunden. Über diesen Verlust recht erbost verfluchte sie den Dieb, es mögen ihm die Augen aus dem Kopf fallen, nicht wissend, dass dieser Fluch eines ihrer Kinder treffen sollte. Nur wenige Tage nach diesem schicksalhaften Tag erblindete ihre Tochter. Den unheilvollen Zusammenhang ahnend durchsuchte man das Spielzeug des kleinen Mädchens und wurde tatsächlich der gestohlen geglaubten Löffel fündig. Über dieses Unglück grämte sich die arme Adelsfrau schon bald zu Tode. Nur fand sie auch über den Tod hinaus keine Ruhe, sodass sie noch heute nach den silbernen Löffeln sucht und ihrer Unruhe durch geräuschvolles Öffnen und Schließen von Schubladen und Fenstern Ausdruck verleiht.

22 In Ludwigsburg wechselt der Radweg die Straßenseite ~ Sie folgen weiterhin dem

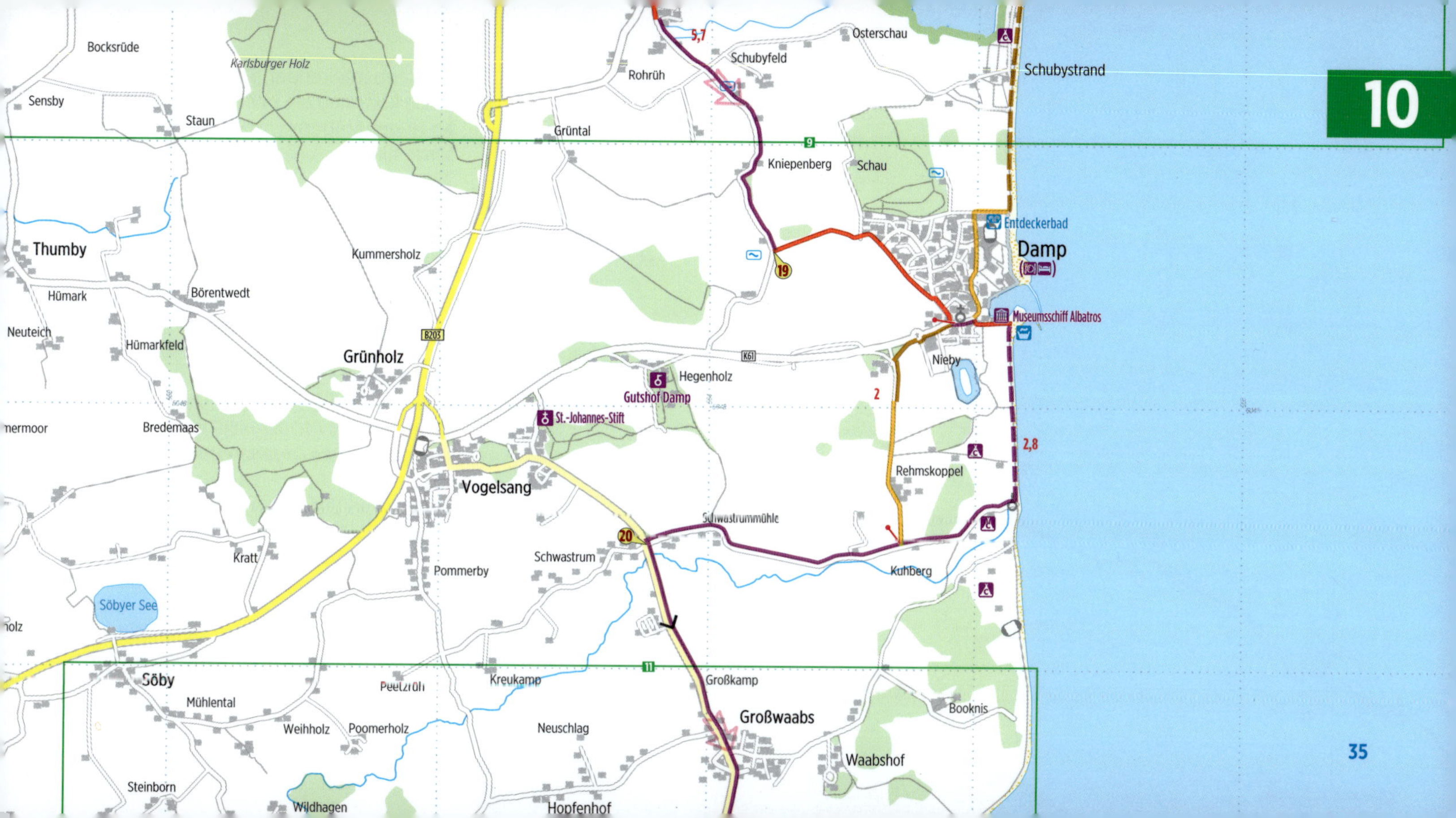

10
Bocksrüde
Karlsburger Holz
Osterschau
Schubyfeld
Rohrüh
Schubystrand
Sensby
Staun
Grüntal
9
Kniepenberg
Schau
Entdeckerbad
Thumby
Kummersholz
Damp
Hümark
Börentwedt
19
Neuteich
Hümarkfeld
B203
Museumsschiff Albatros
Grünholz
K61
Nieby
Hegenholz
Gutshof Damp
2
St.-Johannes-Stift
Bredemaas
2,8
Rehmskoppel
Vogelsang
Schwastrummühle
20
Schwastrum
Pommerby
Kratt
Kuhberg
Söbyer See
11
Großkamp
Söby
Mühlental
Peelzrüh
Kreukamp
Booknis
Weihholz
Poomerholz
Neuschlag
Großwaabs
Waabshof
Steinborn
Wildhagen
Hopfenhof
5,7

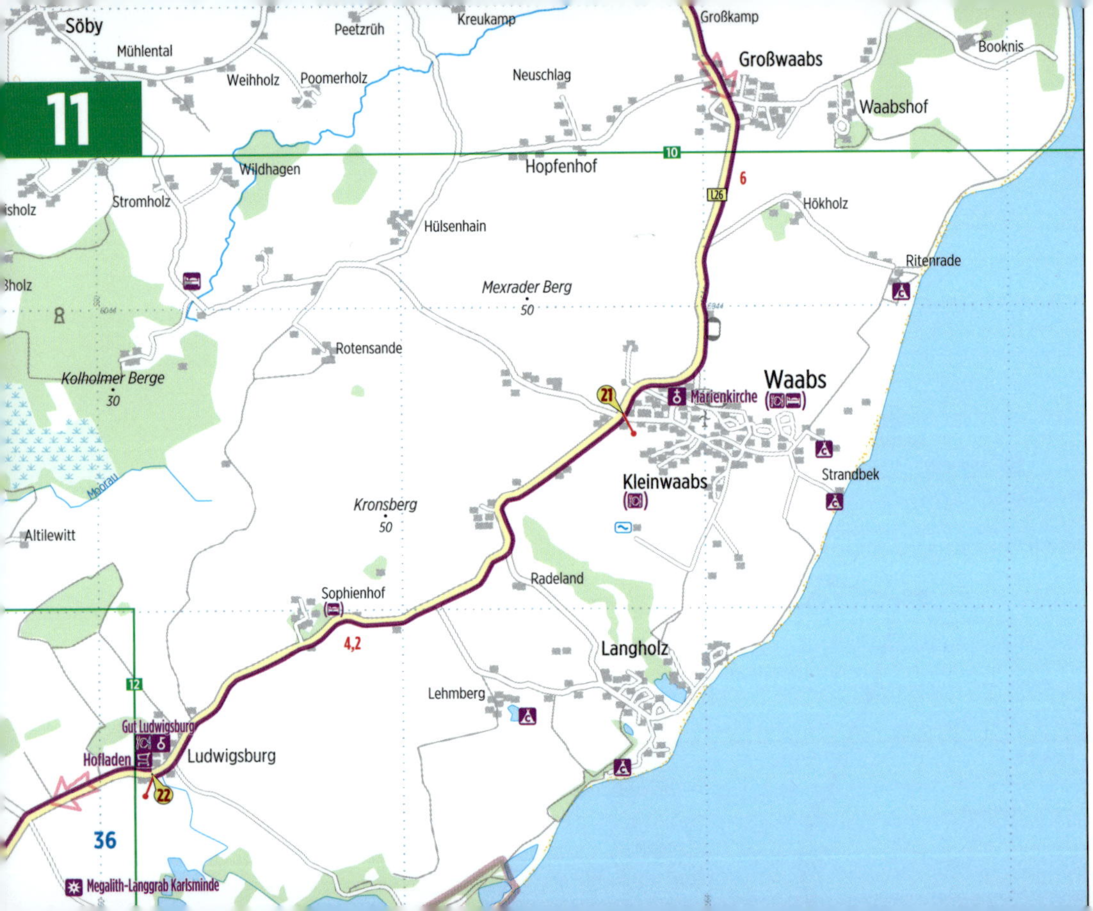

straßenbegleitenden Radweg vor Eckernförde kommen Sie beim **Hemmelmarker See** an Hünengräbern vorbei, dann nach Eckernförde hinein.

Hünengräber

Hünengräber sind die ältesten Zeugen des Totenkultes germanischer Stämme auf dem Gebiet des heutigen Bundeslandes Schleswig Holstein. Die Gräber aus der jüngeren Steinzeit und der Bronzezeit lassen in ihrer unterschiedlichen Bauweise die Entwicklung der heidnischen Ahnenbestattung erkennen. Kennzeichen der Bestattungskultur in der Jungsteinzeit (4000-1500 v. Chr.) sind Großsteingräber, die sogenannten Megalithgräber. Charakteristikum der damaligen Grabbeilagen im Ostseeraum waren Tongefäße, von denen sich die Bezeichnung Trichterbecherkultur für diesen Zeitabschnitt ableitet. In der Gegend um Waabs und Hemmelmark befinden sich zwei restaurierte Großsteingräber. Sie bestehen, wie beispielsweise das in Hemmelmark, aus drei Trägersteinpaaren mit entsprechenden Decksteinen und Abschlusssteinen an den Schmalseiten. Die Decksteine haben ein Ge-

wicht zwischen einer und zwei Tonnen. Teilweise wurden Gräber großen Ausmaßes errichtet, wie das Megalith-Langgrab in Karlsminde. Es ist 60 Meter lang, fünfeinhalb Meter breit und zweieinhalb Meter hoch. Darin waren drei Grabkammern untergebracht, die Werkzeuge und sonstige Gerätschaften sowie Schmuck enthielten. In der Bronzezeit (1500-500 v. Chr.) wurden die Gräber bevorzugt auf ausgesuchten Anhöhen errichtet. Ihnen ist die mit der Landschaft verwachsene Lage eigen.

Weitere Hünengräber befinden sich in Langholz. Auch diese Gräber sind vollständig restauriert und wurden z. T. durch Erdaufschüttungen ergänzt. Das zuletzt genannte Hünenbett ist nach Ost-West ausgerichtet. An jedem Ende befindet sich je eine Grabkammer.

23 In Eckernförde biegen Sie in der Rechtskurve der Straße links ab in die **Cäcilienstraße** ~ nach dem Linksknick der Straße rechts in den Rad- und Fußweg **Letzte Pappel** ~ der Weg mündet auf das **Jungmannufer,** diesem rechts auf dem Radweg ins Zentrum folgen ~ am Binnenhafen links über die Fußgängerbrücke und am Gegenufer wieder links.

Eckernförde

Vorwahl: 04351

Eckernförde Touristik & Marketing GmbH, Am Exer 1, ✆ 71790, @ wuw233

Museum Eckernförde, Am Rathausmarkt 8, ✆ 712547 Untergebracht im alten Rathaus, zeigt das Museum eine Dokumentation zur Stadtgeschichte, zu Leben und Arbeiten im 19. Jh. sowie wechselnde Ausstellungen. @ xiw387

Borbyer Kirche, Bergstr. Die spätromanische Feldsteinkirche im Stadtteil Borby wurde im Jahre 1200 errichtet und beherbergt ein gotländisches Taufbecken aus dem 13. Jh.

St. Nicolai, Kirchpl. Die Backsteinkirche (13. Jh.), deren heutige Gestalt aus der Mitte des 15. Jhs. stammt, zieren Gewölbemalereien und ein Rantzau-Gestühl aus dem Jahr 1578 sowie eine Kanzel von 1605. Außerdem ist in der dreischiffigen Hallenkirche der Altar mit barocken Handschnitzereien von Hans Gudewerdt d. J. aus dem Jahr 1640 zu sehen.

Historische Altstadt. In den Straßen und Gassen im alten Stadtkern sind Giebel- und Bürgerhäuser zu bestaunen.

Holzklappbrücke, Hafenstr. Die Klappbrücke im alten Fischerhafen wurde 1872 gebaut.

Ostsee Info-Center, Jungfernsteig 110, ✆ 726266. Besucher werden anhand von Meeresaquarien, Küstenlandschaften, Fühlbecken, virtuellen Kutterfahrten u. a. über die Ostsee informiert. @ kfo718

Meerwasser Wellenbad, Preußer Str. 1, ✆ 905400. Erlebnisbad mit Saunalandschaft, Salzgrotte und Schneekabine sowie 75-m-Rutsche. @ xnj134

Von Eckernförde nach Strande — *28,5 km*

Auf dem Weg **Schiffbrücke** am Hafen entlang ~ rechts in den **Jungfernstieg** einbiegen ~ nach einem Rechtsbogen an der Straße **Am Exer** links und weiter geradeaus auf der **Preußerstraße** bis zur Bundesstraße ~ auf dem Radweg entlang der **B 76** Eckernförde

Eckernförde

verlassen ⇝ **24** die Straße führt nach rechts vom Wasser weg, hier zweigen Sie nach links in die Straße **Kiekut** ab ⇝ auf der Asphaltstraße leicht bergauf und am Parkplatz vorbei ⇝ auf der sehr ruhigen Straße leicht kurvig durch den Wald ⇝ **25** zurück an der Bundesstraße links auf den straßenbegleitenden Radweg ⇝ nach dem **Gasthof Grüner Jäger** führt der Radweg nach links nach **Schnellmark** ⇝ nach dem Ort auf den Radweg entlang der **L 285.**

VARIANTE Wollen Sie die Tour nicht an der stark befahrenen L 285 fortsetzen, können Sie die knapp 3 km längere Variante auf ruhigen Straßen nutzen.

Alternative über Aukamp nach Krusendorf *10,5 km*

Vom Radweg entlang der L 285 nach rechts in die Straße nach Neudorf ⇝ nach ungefähr 1 km, nach dem Waldstück, links auf dem **Aschauer Weg** bleiben ⇝ an der Kreuzung mit dem großen Rasenplatz in **Neudorf** links ⇝ auf der Straße **Am Dorfplatz** und dem **Behrensbrooker Weg** Neudorf verlassen ⇝ nach 2 km erreichen Sie Borghorst.

Eckernförde

Borghorst (Osdorf)

Herrenhaus Borghorst, Am Gutshof, ✆ 04346/368232. Der barocke Backsteinbau beeindruckt vor allem durch seine malerische Lage zwischen Teichen, Lindenallee, Pferdekoppel und altem Baumbestand. Der Innenraum ist mit der ältesten handgemalten Tapete Norddeutschlands aus dem Jahr 1825 ausgestattet. Heute wird das Herrenhaus als Unterkunft, Veranstaltungsort und Reiterhof genutzt. Die Hausherrin nahm als Dressurreiterin an olympischen Spielen und Weltmeisterschaften teil. @ dqy584

Nach der scharfen Rechtskurve an der Weggabelung links halten Richtung **Osdorf** ⁓ über **Austerlitz** nach **Aukamp** ⁓ in Aukamp links Richtung Noer und gleich in die erste Straße nach rechts einbiegen ⁓ an der Vorfahrtsstraße in **Stubbendorf** geradeaus ⁓ dem Straßenverlauf der ruhigen Landstraße (**L 45**) folgen ⁓ an der größeren Querstraße kurz links und dann rechts nach Krusendorf hinein.

Auf der Hauptroute fahren Sie geradeaus weiter auf dem Radweg ⁓ **26** durch Lindhöft ⁓ der nächste Ort ist **Noer**, mit dem ehemaligen Herrenhaus ⁓ vor Krusendorf am Abzweig zum Campingplatz vorbei ⁓ **27** 1 km danach und noch kurz vor der Kreuzung nach links abzweigen ⁓ links in die **Kirchstraße** einbiegen und nach Krusendorf hinein.

Krusendorf (Schwedeneck)

Vorwahl: 04308

Schwedeneck Touristik, Zum Kurstrand 5, Surendorf (Schwedeneck), ✆ 331, @ eho154

Dreifaltigkeitskirche, Kirchstr. Die Kirche wurde 1737 erbaut.

28 An der Vorfahrtsstraße in Surendorf geradeaus auf den linksseitigen Radweg, diesem folgen.

Surendorf (Schwedeneck)

Vorwahl: 04308

Schwedeneck Touristik, Zum Kurstrand 5, ✆ 331, @ eho154

Durch eine leicht hügelige Landschaft zwischen Feld, Wald und Wiesen über **Dänisch Nienhof (Schwedeneck)** nach **Stohl (Schwedeneck)** radeln ⁓ **29** hier einfach dem Radwegeverlauf von der **K 22** zur **K 16** folgen ⁓ entlang dieser Straße nun nach Strande radeln ⁓ **30** am Kreisverkehr geradeaus, weiter entlang der Kreisstraße auf dem linksseitigen Radweg ⁓ nach 500 m vorbei am Abzweig nach Strande.

INS ZENTRUM: **Um ins Ortszentrum und zum Hafen von Strande zu kommen, biegen Sie hier links auf die Strandstraße ab.**

Strande

Vorwahl: 04349

Tourist-Information, Strandstr. 12, ✆ 290, @ bvi487

Fördefährlinie F1 Kiel, ✆ 0431/5941260, ✆ 0431/5941266. Fährzeiten: Anfang Mai-Anfang Sept. @ hjq515

Bülker Leuchtturm, Bülker Weg, nordöstlich von Strande, ✆ 9264. Das erste kombinierte Leucht- und Lotsenhaus war 16 m hoch und wurde 1807 errichtet. Der Turm in seiner heutigen Form (25,6 m) wurde von 1862-1865 erbaut und dient noch heute als Orientierung für die Schifffahrt – inzwischen vom Land aus ferngesteuert. @ und416

Strand. Der kilometerlange Strand lädt zum Baden ein, der dazu parallel verlaufende Weg zu einem Spaziergang.

14
Jellen
NSG Bewaldete Düne bei Noer
Krusendorf
2
2,6
Dreifaltigkeitskirche
L45
Hegenwohld
Noer
27
Grönwohld
15
Schwedeneck
Lindhof
L285
5,5
Aschau
Lindhöft
26
Elisendorf
Hochtor
L45
4,7
15
Schnellmark
25
Stubbendorf
Hof Buchholz
6
Borghorst
Herrenhaus
Aschau
Aukamp
Neudorf
Hohen Borghorst
35
Austerlitz
Rothenstein
Osdorf
Borghorsterhütten
41
B76

15
Fischerberg
6
K22
Dänisch-Nienhof
Jellenbek
Krusendorf
2
Surendorf
Lasbeck
28
L45
Dreifaltigkeitskirche
14
Stohl
29
Hohelutt
Marienfelde
Mariannenhof
Altbülk
chwedeneck
Neubülk
Sprenge
Bülker Leuchtturm
Elisendorf
Sprengerhof
Mühlenberg
3,6
Rabendorf
K16
Birkenmoor
Kuhholzberg
Strande
Hof Buchholz
16
30
Hohenstein
Scharnhagen
42
Eckhof

Von Strande nach Kiel *20 km*

Entlang des Fuhlensees ~ an dessen Ende nach dem Ortseingangsschild links abzweigen und durch Schilksee.

Schilksee (Kiel)

Vorwahl: 0431

Schwimmhalle Schilksee, Drachenbahn 18, ✆ 9011460

In die nächste Straße nach rechts und vorbei am Hotel Olympia ~ von der Straße **Drachenbahn** nach links abzweigen ~ auf der Vorfahrtsstraße bis zum Supermarkt, hier nach links in den **Funkstellenweg** ~ **31** geradeaus auf den unbefestigten Radweg, gleich darauf an der Wegkreuzung dann nach rechts ~ auf

Leuchtturm Strande

Nord-Ostsee-Kanal bei Kiel-Holtenau

dem Weg **Stubbekredder** eine Straße kreuzen ⤳ am Ende vom Siedlungsgebiet geradeaus in das Landschaftsschutzgebiet ⤳ am Caravanplatz entlang und an der T-Kreuzung nach links ⤳ kurz darauf nach rechts in den asphaltierten **Palisadenweg** ⤳ in der Rechtskurve links halten ⤳ mit dem Straßenverlauf nach rechts in die Straße **Brauner Berg** ⤳ Sie kommen nach **Kiel-Friedrichsort** ⤳ an der Vorfahrtsstraße nach links und gleich darauf wieder nach rechts in den **Julius-Fürst-Weg** ⤳ **32** nach links auf den Rad- und Fußweg, der in Richtung Kiel-Zentrum ausgewiesen ist ⤳ weiter rechts entlang der Straße ⤳ vorbei am **Yachtclub** ⤳ über die Gleise und kurz darauf links abbiegen.

VARIANTE **Alternativ zur Hauptroute können Sie auch geradeaus der unkommentierten Variante zur Kanalfähre Kiel-Holtenau S.folgen.**

Dem Radweg östlich am Flugplatz vorbei folgen ⤳ **33** in einer Linkskurve die Gleise queren ⤳ Sie radeln in Richtung Leuchtturm Holtenau ⤳ in Höhe des Wasser- und Schifffahrtsamtes geht der Radweg in die **Strandstraße** über ⤳ nach ca. 450 m links in die **Kanalstraße** abbiegen ⤳ kurz darauf nach rechts weiterfahren ⤳ rechts am Leuchtturm vorbei ⤳ links auf die Straße **Tiessenkai** ⤳ an der T-Kreuzung links und der **Kanalstraße** folgen ⤳ rechts an der Schleusenanlage vorbei und weiter auf der Kanalstraße bis zur Fähre fahren.

Holtenau (Kiel)

Vorwahl: 0431

Kanalfähre Kiel-Holtenau, Kanalstr., ✆ 3603460, ⌚ Mo-Fr 6.30-21.50 Uhr, Sa 9.30-21.50 Uhr, So/Fei 9.30-21.50 Uhr, tagsüber viermal die Stunde, @ cwa843

Leuchtturm Holtenau, Tiessenkai. Seit 1895 dient der Turm, der zu den schönsten Deutschlands zählt, als Einfahrtsfeuer für den Nord-Ostsee-Kanal. Sehenswert ist außerdem die sogenannte Drei-Kaiser-Halle mit den Gedenktafeln, die an die drei Kaiser erinnern, die während der Bauzeit des Kanals im Amt waren: Wilhelm I., Friedrich III. und Wilhelm II. @ orp385

Schleusenanlagen Kiel-Holtenau, Schleuseninsel 2, ✆ 36030, ⌚ Gruppenführungen auf Anfrage bei der Tourist-Information Kiel unter ✆ 6791013. Hier von den Schleusenanlagen lässt sich der internationale Schiffsverkehr beobachten. Die Kanalausstellung informiert über die verschiedenen Kanaltechniken und die Geschichte des Nord-Ostsee-Kanals. @ kxw862

Der Nord-Ostsee-Kanal

Schon im Mittelalter legten die Menschen zwischen Eider und Elbe Kanäle an, um den Transport ihrer Waren zwischen den Handelsstädten an Nord- und Ostsee sicherer und kürzer zu gestalten. So entstand etwa im späten 14. Jahrhundert der Stecknitzkanal, der die Hansestadt Lübeck indirekt über Mölln und Lauenburg mit Lüneburg und Hamburg verband.

Standen im Mittelalter noch handelspolitische Motive im Vordergrund der Überlegungen, so war mit dem Bau des Nord-Ostsee-Kanals vor allen Dingen militärisches Kalkül verbun-

den. Die kriegerischen Auseinandersetzungen zwischen Preußen und Dänemark im Jahr 1864 ließen die Forderung laut werden, innerhalb kürzester Zeit die Kaiserliche Hochseeflotte, die teils in Wilhelmshaven und teils im Reichskriegshafen Kiel stationiert war, vereinigen zu können. Der Weg um den Skagerrak war nicht nur zeitaufwändiger, sondern durch die Untiefen und die häufigen Stürme kein ganz ungefährlicher; zumal in einem Konflikt mit Dänemark unpassierbar. Der Bau eines Kanals, der Nord- und Ostsee auf einem direkten Weg verbinden sollte, schien als die beste Lösung. Die Entscheidung zum Kanalbau war von langwierigen Diskussionen begleitet. Ein entsprechendes Gesetz kam erst 1886 zustande, nachdem Bismarck der Entscheidungsfindung mit einem durchgreifenden Machtwort nachgeholfen hatte. Kaiser Wilhelm I. legte im Frühsommer des Jahres 1887 den Grundstein zum Bau des zunächst nach ihm benannten Kanals. Bei den acht Jahre dauernden Arbeiten verbauten 8.900 Arbeiter 156 Millionen Goldmark. 1895 fand dann die feierliche Eröffnung des 99 Kilometer langen Kanals unter der Schirmherrschaft Kaiser Wilhelm II. statt.

Leuchtturm in Kiel-Holtenau

Seither musste der Kanal verschiedene Male verbreitert werden. Heute befahren jährlich über 60.000 Schiffe der verschiedensten Größe den 162 Meter breiten Kanal. Die großen Schiffe dürfen den Kanal nur mit einem Lotsen befahren, der je nach Fahrtrichtung in Holtenau an und in Brunsbüttel von Bord geht.

Von der **Fähre** aus geradeaus auf der **Schleusenstraße** weiter ~ nach links auf den straßenbegleitenden Radweg an der **Prinz-Heinrich-Straße** abbiegen.

Wik (Kiel)

Vorwahl: 0431

Maschinenmuseum Kiel Wik, Am Kiel-Kanal 44, ✆ 5943450 Ganz in der Nähe des Nord-Ostsee-Kanals gibt es in ehemaligen Industriegebäuden die verschiedensten Maschinen zu sehen, vom uralten Otto-Motor bis zum dröhnenden U-Boot-Dieselmotor. @ qcx546

34 An der nächsten großen Kreuzung mit der **Mercatorstraße** bzw. der **Kiellinie** nach links ~ auf dem linksseitigen Radweg am Ufer entlang ~ **35** im Rechtsknick der Hauptstraße weiter geradeaus auf der Promenade am Ufer ~ dem Radwegeverlauf folgend kommen Sie ins Zentrum von Kiel – eindrucksvoll schippern die großen Fährschiffe oder anmutigen Segelboote an Ihnen vorbei ~ auf dem Radweg an der **Kaistraße** geht es Richtung Bahnhof.

Kiel

Vorwahl: 0431

Tourist-Information Kiel, Andreas-Gayk-Str. 31, ✆ 679100, @ ggx154

Hafenrundfahrten, ✆ 679100, Mai-Okt., 11, 13 und 15 Uhr. Nähere Angaben bei der Tourist-Information, die Fahrradmitnahme ist möglich. @ qip132

Nord-Ostsee-Kanalfahrten, ✆ 04651/9870888. Informationen und Tickets bei der Tourist-Information. @ kwc472

Schlepp- und Fährgesellschaft Kiel mbH, Kaistr. 51, ✆ 5941266, ✆ 5941260, Betriebszeiten: Mitte März-Sept. tägl., Okt.-Mitte März Mo-Fr. Das Ausflugs-Motorschiff verkehrt im Sommer auf der Kieler Förde über Möltenort und Laboe bis nach Strande. @ upg424

Kunsthalle, Düsternbrooker Weg 1, ✆ 8805756 Gemäldegalerie, Kunstbibliothek, Graphik- und Antikensammlung. @ sli276

Museumshafen, Am Germaniahafen. Traditionshafen im Germaniabecken des Kieler Hafens mit wunderschönen Segelschiffen und historischen Wasserfahrzeugen. @ wlb868

Schifffahrtsmuseum Fischhalle mit Museumsbrücke, Wall 65, ✆ 9013428 Sammlung zur Kieler Schifffahrts- und Schiffbaugeschichte in der historischen Fischhalle. @ rnf388

Stadtgalerie, Andreas-Gayk-Str. 31, 9013400 Stadtgalerie mit Schausammlung, Heinrich-Ehmsen-Stiftung und wechselnden Ausstellungen zur zeitgenössischen Kunst. @ xej821

Zoologisches Museum, Hegewischstr. 2, 8805170 Rund 200.000 Tierpräparate vom Wurm bis zum Blauwal sind hier ausgestellt. Im Museum für Völkerkunde sind vor allem Souvenirs aus den ehemaligen deutschen Kolonien zu sehen, wie beispielsweise Masken und Schmuck. @ keo584

Hist. Landeshalle, Sartori & Berger-Speicher, Wall 47/51, 6967712. Wechselnde Ausstellungen zur Geschichte Schleswig-Holsteins. @ riv464

Kieler Stadt- und Schifffahrtsmuseum, Stadtmuseum Warleberger Hof, Dänische Str. 19, 9013425 In dem ehemaligen Kieler Adelshof werden wechselnde Ausstellungen und die ständige Kieler Kunstkeramik-Ausstellung gezeigt. @ yhm875

Medizin- und Pharmaziehistorische Sammlung, Brunswiker Str. 2, 8805721, @ bkv677

St. Nikolai, Alter Markt. Vor der aus Backstein erbauten Hallenkirche befindet sich die Bronzeplastik „Geistkämpfer" von Ernst Barlach.

Franziskanerkloster, Falckstr. 9. Lediglich der Westflügel des Kreuzganges mit dem Grabstein Graf Adolf IV. von Schauenburg ist von dem im 13. Jh. erbauten Kloster erhalten. @ cna571

Schloss, Dänische Str. 44, 990710. Das Schloss aus dem 13. Jh. galt einst als Vorzeigearchitektur der Renaissancekunst in

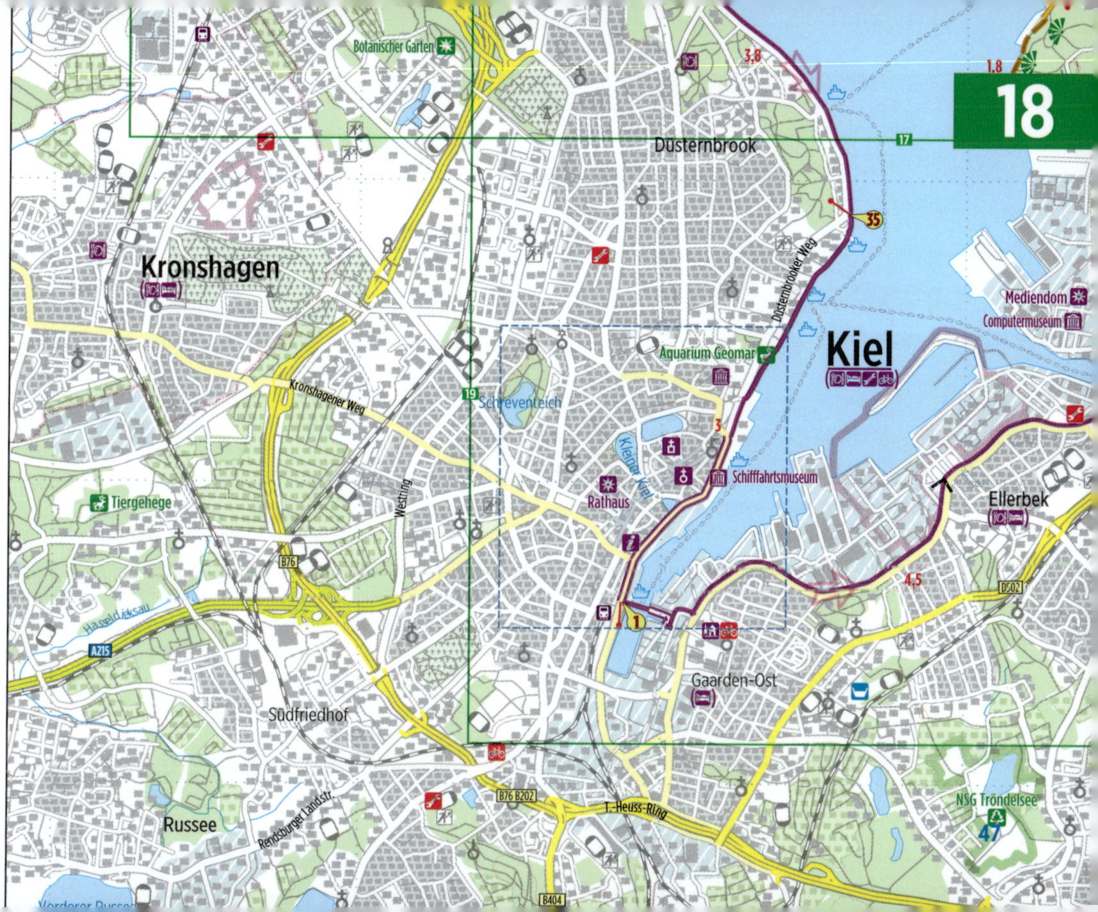

An der Hörn in Kiel

Schleswig-Holstein. Es wurde in den 1960er-Jahren nach seiner völligen Zerstörung bei einem Bombenangriff 1944 wiederaufgebaut und wird heute als Veranstaltungszentrum genutzt. @ dbj857

Opernhaus, Rathauspl. 4, ✆ 901901, @ sup547

Schauspielhaus, Holtenauer Str. 103, ✆ 901901, @ ifc818

Kieler Hansekogge, Sartorkai, ✆ 2190250. Es handelt sich um einen Nachbau der 1962 in der Wesermündung gefundenen Kogge aus dem Jahr 1380. @ vse146

Hörnbrücke. Die dreigliedrige Faltbrücke wurde 1997 fertiggestellt und ist Fußgängern und Radfahrern vorbehalten. Sehenswert ist vor allem die Öffnung bzw. Schließung der Brücke. @ bne265

Rathaus, Fleethörn 9. Rundblick vom 106 m hohen Rathausturm möglich, nähere Angaben dazu in der Tourist-Information. Das Rathaus wurde im Jugendstil erbaut. @ dlh837

Aquarium Geomar, Düsternbrooker Weg 20, ✆ 6001637 (7d) Fütterungszeiten der Seehunde Sa-Do, 10 und 14.30 Uhr. Die Unterwasserwelten der Nord- und Ostsee und des Nordatlantiks werden hier in Schaubecken präsentiert. @ yda153

Botanischer Garten, Am Botanischen Garten 1-9, ✆ 8804275, ✆ 4276 (7d), @ pfy555

Marine, Meer und multikulturell – so oder so ähnlich lässt sich das heutige moderne Kiel beschreiben. Die von der Kieler Förde geprägte Geschichte der Stadt begann um 1240 mit Graf Adolf IV. aus dem Hause Schauenburg, der den Grundstein für Kiel legte, um für sein Reich einen Zugang zur Ostsee zu ermöglichen. Der anfänglich rasche Aufschwung von Kiel – Lübecker Stadtrechte 1242 und Eintritt in die Hanse 1283 – fand ein baldiges Ende, da die Stadt den großen Konkurrenten Lübeck und Hamburg nicht gewachsen war.

Erst Mitte des 19. Jahrhunderts konnte Kiel durch die Gründungen der ersten Industriebetriebe, durch den Eisenbahnanschluss und der Verlegung der Ostsee-Marinestation von Danzig hierher wirtschaftlich wieder Fuß fassen. Mit der Marinestation kam auch die Norddeutsche Werft und 1867 schließlich wird Kiel auch zum Kriegshafen erklärt, was einen raschen Zuwachs an Arbeitsplätzen und Bevölkerung bedeutete.

In der nunmehr preußischen Stadt gelang es 1895 Kaiser Wilhelm, den heutigen Nord-Ostsee-Kanal zu eröffnen, was sowohl wirtschaftlich als auch militärisch einen Meilenstein für Kiel darstellte – denn bereits wenige Jahre später kristallisierte sich der Kanal zur meistbefahrenen künstlichen Wasserstraße der Welt heraus.

Fünf Jahre vor Baubeginn des Kanals trafen sich am 23.07.1882 zwanzig Mannschaften mit ihren Yachten erstmalig zu einer Regatta in der Kieler Förde. Ihr Motiv: wahrscheinlich Spaß. Denn seit diesem Jahr findet die unter dem Namen „Kieler Woche" weltbekannte Regatta jährlich im Frühsommer statt. Mittlerweile ist die Kieler Woche die größte Segelregatta der Welt. Mehr als 5.000 Segler nehmen in 1.000 Booten an diesem Riesenereignis teil, das stets von herrlichen Schiffsparaden und einem bunten Volksfest begleitet wird.

Die Hanse – einflussreiche Städte von Köln bis Novgorod

Eines der größten und einflussreichsten Städtebündnisse vom 13. bis ins 16. Jahrhundert stellten die mehr als 100 Städte der berühmten Hanse dar. Mit verschiedensten Waren – von Fischen und Getreide bis hin zu Luxuswaren wie Gewürzen und Pelzen – wurde im nördlichen Europa Handel betrieben. Hierbei handelte es sich vor allem um den Austausch von osteuropäischen Rohstoffen wie Holz oder Flachs gegen westeuropäische, bereits verarbeitete Metall- oder Textilprodukte.
Die Hanse umfasste ein riesiges Gebiet von Deutschland, Holland, England und Norwegen bis hin zu polnischen, baltischen und russischen Städten. Diese Größe verlieh dem Bündnis in seiner Blütezeit nicht nur wirtschaftliche, sondern auch politische Macht. Im Ernstfall wurden sogar Kriege geführt.
Mit dem Beginn der national geprägten Wirtschaften des 17. Jahrhunderts begann der Niedergang der Hanse – überregionale Handelsbündnisse waren nicht mehr gefragt. In Lübeck, einer der zentralen Hansestädte, wurde 1669 der letzte Hansetag abgehalten.
Seit den 1980er Jahren gibt es im niederländischen Zwolle eine Art Revival der historischen Hanse: Zahlreiche Städte der einstigen Handelsgemeinschaft haben sich wiederum zusammengeschlossen, um einen sozialen und kulturellen Beitrag zur europäischen Einigung zu leisten.

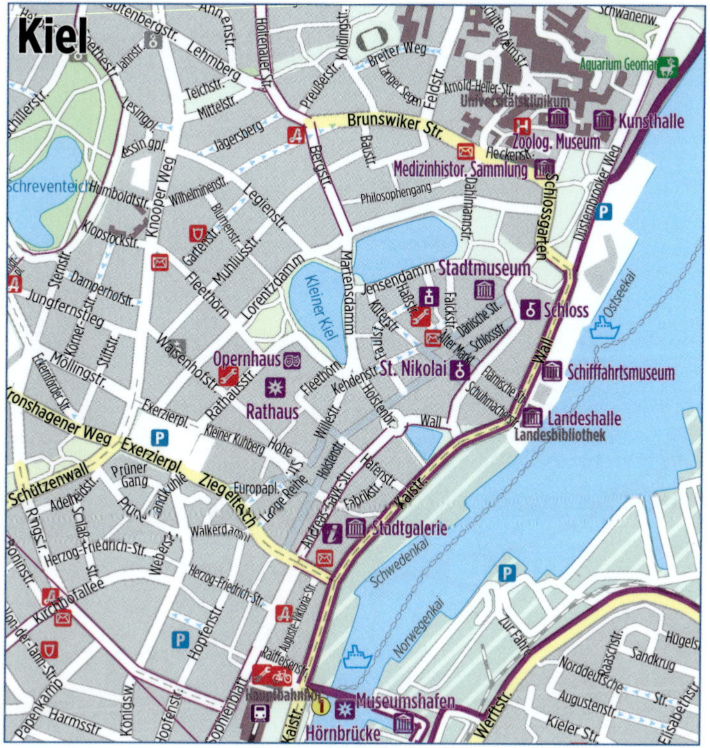

Von Kiel nach Fehmarn

175,2 km

HM/km: ↗1,4 (241m) ↘1,4 (241m) Radweg: 70 % Unbefestigt: 29 % Verkehr: 1 %

In der „Ostseeküstenmetropole" Kiel setzen Sie Ihre Tour fort. Sie verlassen nun die eher geschützten Gebiete der Buchten und Förden und lassen sich an den langen Sandstränden fröhliche Brisen um die Nase wehen. Weit, scheinbar bis ins Unendliche, reicht der Blick in den Horizont hinaus. Besondere Attraktion ist das Urlaubsparadies Fehmarn, das Sie mit Ihrem Drahtesel einmal umrunden können.

Auch auf diesem Teil der Tour verläuft die Route fast ausschließlich auf Radwegen und ruhigen Nebenstraßen oder Feldwegen. Nur ein kurzes Stück müssen Sie im mäßigen Verkehr radeln. Schlecht befahrbare Wegstücke gibt es nur selten. Auf den noch nicht komplett ausgebauten Deichkronen auf Fehmarn erfordert die Routenführung ein stabiles Fahrrad. Sie können diese Teilstücke aber auf Alternativrouten umfahren.

Von Kiel nach Kalifornien (Schönberg) *28 km*

1 Auf der Höhe des Bahnhofes, am **Bahnhofsplatz**, nach links und auf der **Hörnbrücke** den Hafen queren ~ nach der Brücke am Hafenbecken entlang ein Stück geradeaus ~ am Ende des kleinen Beckens rechts und gleich wieder links auf die Auffahrt zum **Gaardener Ring** ~ nach der Rechtskurve an der **Werftstraße** links abbiegen ~ auf dem Radweg entlang der **Werftstraße,** später dann auf der **Schönberger Straße** weiter ~ **2** 150 m vor der Brücke des **Ostrings** links abzweigen und übers Wasser ~ am anderen Ufer links halten in die Straße **An der Holsatiamühle** ~ an der nächsten Vorfahrtsstraße erneut links auf den linksseitigen Radweg des **Heikendorfer Weges** ~ der Radweg wechselt auf die rechte Seite, direkt danach rechts abbiegen, die Straße heißt wei-

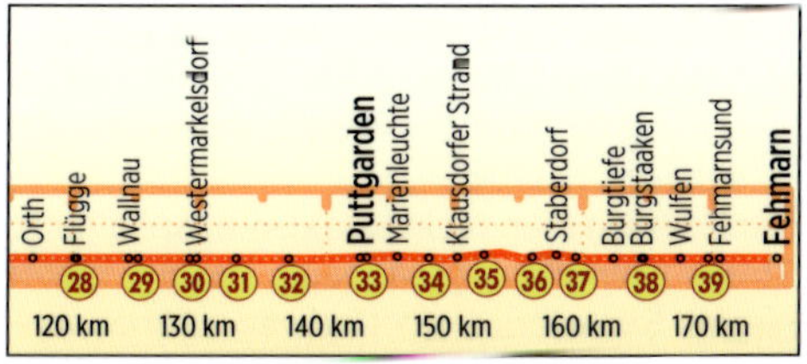

Heikendorfer Bucht

terhin Heikendorfer Weg ~ nach 1 km weiter auf der **Helenenstraße**.

Neumühlen-Dietrichsdorf/Oppendorf (Kiel)

Vorwahl: 0431

- **Computermuseum**, Eichenbergskamp 8, Bunker Eichenbergskamp, ✆ 2101741 Es werden historische Computermodelle gezeigt sowie u. a. Leben und Werk von „Computerpionier" Konrad Zuse beleuchtet, @ fus734
- **Mediendom**, Sokratespl. 6, ✆ 2101741, auf Anfrage. Der Fokus des Planetariums liegt auf der Vermittlung von astronomischem Wissen, doch auch kulturelle Themen werden in Kuppelshows auf faszinierende Weise inszeniert. @ clw441

An der Kreisstraße links auf den straßenbegleitenden Radweg ~ dem Radweg folgen.

VARIANTE **Anstatt der Hauptroute weiter auf dem Radweg entlang der Straße zu folgen, können Sie nach ca. 700 m wahlweise links über die unkommentierte Alternativroute schon eher zum Strand gelangen. Sie müssen hierfür aber eine kurze Schiebestrecke über den Strand in Kauf nehmen.**

Nach gut 1 km links in die Straße **Gänsekrugredder** abzweigen (vor der Tankstelle).

Mönkeberg

Weiter geradeaus in die **Stubenrauchstraße** zum Strand ~ am Ufer geht es rechts, erst auf der Promenade und dann auf einem unbefestigten Weg weiter ~ bei der ehemaligen Anlegestelle **Kitzeberg** wieder auf die asphaltierte Straße.

VARIANTE **Sie können auch auf dem Fördewanderweg am Strand bleiben und stoßen vor dem Wäldchen wieder auf die Hauptroute.**

3 An der nächsten Weggabelung links in die **Konsul-Lieder-Allee** ~ nach ein paar Kurven weisen die Schilder nach links in einen Waldweg hinein ~ am Ufer dann rechts auf einen gepflasterten Radweg, der bis in den Heikendorfer Ortsteil Möltenort führt ~ in **Möltenort** geradeaus auf die **Fritz-Lau-Straße**, die zum Uferweg zurück und an der 2018 neu gestalteten Hauptstrand-Promenade entlang führt.

Heikendorf

Vorwahl: 0431

- **Tourist-Information Heikendorf/Kieler Förde**, Strandweg 2, direkt am Hafen, ✆ 679100, @ msh538
- **Fördefährlinie F1 Kiel**, ✆ 5941266, ✆ 5941260. Fährzeiten: Mitte März-Sept., tägl., Okt.-Mitte März, Mo-Fr. @ mhc518
- **Fischereimuseum Info-Pavillon**, Strandweg 2. Informationen zur historischen Entwicklung der Fischerei. @ dju214
- **Künstlermuseum Heikendorf**, Teichtor 9, ✆ 248093 Das Museum ist im Haus des Künstlers Heinrich Blunck (1891-1963), einem Mitglied der ehemaligen Künstlerkolonie Heikendorf, untergebracht. In mehreren Wechselausstellungen pro Jahr wird regionale und internationale Kunst gezeigt. @ gba826
- **U-Boot-Ehrenmal Möltenort**, ✆ 0174/3828082 Gedenkstätte für alle Opfer der U-Boot-Kriege des Ersten und Zweiten Weltkrieges. @ mol482

Der Radweg mündet in eine kleine asphaltierte Straße, hier weiter geradeaus ~ wenig später nimmt Sie wieder ein Radweg (**Fördewan-**

derweg) auf ~ dieser Weg führt durch das Munitionsdepot nach Laboe.

VARIANTE ⚠ Aufgrund von Munitionsverladungen durch die Bundeswehr kann es vorkommen, dass die ausgeschilderte Route nach Laboe vorübergehend gesperrt wird. Informationen dazu erhalten Sie unter ✆ 04343/494307200. Eine alternative Wegführung über Brodersdorf können Sie in diesem Fall der Karte entnehmen. Die Strecke beginnt kurz vor dem Tor zum Munitionsdepot und ist 6 km lang.

Fischereihafen Heikendorf-Möltenort

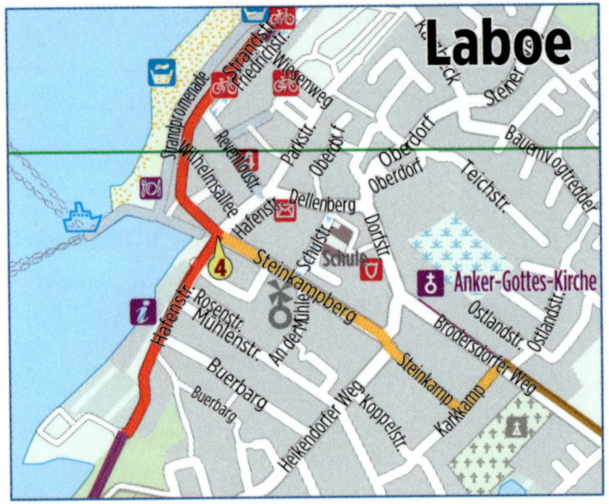

Alternativroute nach Laboe 6 km

Vor dem Munitionsdepot noch auf Höhe des Campingplatzes rechts in den Wald ~ der S-Kurve des Weges folgen und am Munitionsdepotgelände entlang ~ an der T-Kreuzung links, nächster Abzweig nach rechts ~ im Ort links auf den Radweg entlang der **Neuheikendorfer Straße** ~ am Kreisverkehr geradeaus ~ kurz danach in **Brodersdorf** nach links in Richtung Laboe ~ geradeaus in die Sackgasse und dann parallel zur Straße auf dem Radweg weiter ~ an der Ampel die Straße queren und links nach Laboe ~ nach ca. 700 m links in den **Karkkamp** und gleich darauf wieder rechts ~ leicht rechts versetzt in die Straße **Steinkampberg** ~ geradeaus kommen Sie zum Hafen und treffen auf der **Strandstraße** wieder auf die Hauptroute.

Auf der Hauptroute geht es am Hafen entlang ~ **4** an der folgenden Kreuzung nach links in die **Strandstraße** und auf dieser durch Laboe.

Laboe

Vorwahl: 04343

- **Tourist-Information**, Börn 2, ✆ 427550, @ enm632
- **Fördefährlinie F1 Kiel**, ✆ 0431/5941260, ✆ 0431/5941266. Fährzeiten: Mitte März-Ende Okt. tägl., Ende Okt.-Mitte März Mo-Fr. @ hjq515
- **Anker-Gottes-Kirche**, Brodersdorfer Weg. Die schlichte Backsteinkirche von 1972 besitzt ein mehrfach gefaltetes Dach.
- **Marine-Ehrenmal und Technisches Museum U 995**, Strandstr., ✆ 49484930 (7d) Marine-Ehrenmal und Mahnmal mit Museum im ehemaligen U-Boot U 995. @ fvt757
- **Meeresbiologische Station**, Strand 1, ✆ 0160/96760297, @ kfb281
- **Meerwasser-Hallenbad**, Strandstr. 25, ✆ 1249, @ gtt677

Der Radweg führt hinter Laboe parallel zur **K 30** bis nach Stein ~ **5** kurz vor dem Ort links abzweigen ~ an der Küste nach rechts.

Stein

Vorwahl: 04343

- **Fremdenverkehrsverein Stein e. V.**, Dorfring 20a, ✆ 9299, @ ayt262

Fahren Sie neben dem Deich auf dem asphaltierten Radweg durch Stein nach Wendtorf Strand.

Wendtorfer Strand (Wendtorf)

Vorwahl: 04343

- **Tourist-Information**, Schulstr. 10, Wendtorf, ✆ 9697, @ pku546
- **Museumshafen Probstei**, Promenade Seeweg, ✆ 4947906 (24) Auf dem frei zugänglichen Gelände gibt es neben Fischerbooten,

Laboe mit dem Marine-Ehrenmal

21
Heidkoppel
Wendtorfer Schleuse
Naturstation Bottsand
NSG Bottsand
Salzwiesen
NSG Barsbeker See und Umgebung
Stein
Museumshafen
Neustein
Ellernbrook
Wendtorfer Strand
Barsbeker See
Meeresbiologische Station
U-Boot U 995
Marine-Ehrenmal
Meerwasserschwimmbad
Laboe
Anker-Gottes-Kirche
Wendtorf
Wisch
Jägersberg
20
Krokauer Mühle
Krokau
Barsbek
B502
K30
55
6,5
6
5
4
3
2,2
22
20

wie sie bis zum 19. Jh. gebaut wurden, auch ein Wikingerboot und einen Zollkutter zu sehen. @ iso153

Naturstation Bottsand, Deichkrone, ✆ 0172/8198079 Eine Ausstellung informiert über die Entstehung des Bottsander Nehrungshakens. @ rwv365

Nach der Marina Wendtorf auf den Deich ~ **6** hinter einem Stichhafen im Links-Rechts-Schwenk vor zum Dünen-Streifen ~ immer weiter bis nach Kalifornien.

Kalifornien (Schönberg (Holstein))

Tourist-Service Kalifornien, An der Kuhbrücksau 2, ✆ 4344/1838, @ gqn112

VARIANTE Beim Gasthaus Kalifornien bietet sich rechts eine Variante ins landeinwärts gelegene Städtchen Schönberg an. Folgen Sie dazu der unkommentierten Route entlang der K 15.

Schönberg (Holstein)

Vorwahl: 04344

Tourist-Service, Käptn's Gang 1, Schönberger Strand (Schönberg (Holstein)), ✆ 41410, @ ilu551

Alte Apotheke, Knüllg. 8, ✆ 6419. Kunstausstellungen.

Kindheitsmuseum, Knüllg. 16, ✆ 6865, Juni-Okt., Di-So 14-17 Uhr, Do 10-12 Uhr. Kinderspielzeug, Kindheit und Kinderbücher von 1890 bis heute und wechselnde Sonderausstellungen, @ jcw373

Probstei Museum, Ostseestr. 8-10, ✆ 3174 Ausstellungen zum Kulturraum Probstei, Landwirtschaft, Hauswirtschaft, Handwerk, wechselnde Sonderausstellungen, hist. Radwanderungen, Aktionstage mit Dreschen und Backen u. v. m. @ hrs633

Pfarrkirche, Am Markt. (1780/82)

Von Kalifornien (Schönberg) nach Hohwacht — 27 km

7 Auf dem Deich geht es weiter in den nächsten Ortsteil von Schönberg, nämlich Brasilien ~ Sie radeln weiterhin auf dem Deich entlang nach Schönberger Strand.

Schönberger Strand (Schönberg (Holstein))

Vorwahl: 04344

Tourist-Service, Käptn's Gang 1, ✆ 41410, @ ilu551

Museumsbahnen Schönberger Strand, Am Schierbek 1, ✆ 2323 (an Betriebstagen), ✆ 0162/7496011 Sammlung historischer Schienenfahrzeuge, Straßenbahnfahrten mit Bahnen aus Kiel, Lübeck, Hamburg, Hannover, Berlin und anderen Städten sowie Fahrten mit der Museumsbahn zwischen Schönberger Strand und Kiel. @ kkb616

Naturkundliche Führungen, ✆ 41410 Angeboten werden Entdeckertouren am Strand, geologische Wanderungen, Keschern in der Ostsee oder Bernstein schleifen. @ lwx677

Auch am Ortsteil Stakendorfer Strand radeln Sie am Deich entlang ~ **8** vor dem **Naturschutzgebiet Schmoel** zweigen Sie in den unbefestigten Weg rechts ab ins Landesinnere ~ an der Gabelung links halten und das NSG auf teilweise schlechtem Weg umfahren ~ **9** beim Parkplatz der asphaltierten Straße rechts zur Landesstraße folgen ~ an der **L 165** links ~ **10** nach knapp 1,5 km an der ersten Abzweigung links nach Monkamp in den **Ostseering.**

VARIANTE Der Weg zwischen Monkamp und Satjendorf ist teilweise etwas holprig und vor allem nach längerem Regen schlecht befahrbar. Um diesen Abschnitt zu umfahren, bleiben Sie auf dem Radweg an der L 165.

Die Hauptroute führt in Monkamp zwischen den Häusern rechts in einen unbefestigten Weg ~ ein Wiesenweg führt in Schlangenlinien in die Ortschaft Satjendorf.

Satjendorf (Panker)

Im Ort rechts und gleich wieder links ~ die Vorfahrtsstraße queren und der kleinen Asphaltstraße folgen ~ **11** an der nächsten Vorfahrtsstraße nach links ~ **Kembs** in einer scharfen Linkskurve durchfahren, nach der Rechtskurve weiter auf dem Radweg ~ **12** in Behrensdorf rechts Richtung Lütjenburg.

Ostsee
22
Kalifornien
Brasilien
Holm
Schönberger Strand
Seebrücke
Jägersberg
20
3,8
3
Neuschönberg
Museumsbahnen
K15
B502
L165
4
NSG Schmoel
6,5
Großer Schlenbek
Schönberg
(Holstein)
Probstei Museum
Kindheitsmuseum
0,8
Kleine Schlenbek
Stakendorf
Scheidebach
23
21
57
Radeland

Bucht von Hohwacht

Behrensdorf (Ostsee)

Vorwahl: 04381

- **Tourist-Information**, Ringstr. 2a, ✆ 4986, @ omm821
- **Leuchtturm Neuland.** Der Turm wird von der Bundeswehr betrieben und zeigt die Sperrzeiten der Schießübungsgebiete Putlos (rotes Blitzfeuer) und Todendorf (gelbes Blitzfeuer) an.
- **NSG Kleiner Binnensee und angrenzende Salzwiesen.** Mehr als 120 Vogelarten können beobachtet werden, v. a. während des Vogelzugs im Frühjahr und Herbst.
- **Natur- und FKK-Strand.** Kurtaxefrei.

Nach dem Ort an der ersten Abzweigung links Richtung Hohwacht ~ auf dem straßenbegleitenden Radweg gelangen Sie in den nächsten Ort.

Hohwacht (Ostsee)

Vorwahl: 04381

- **Tourist-Information**, Berliner Pl. 1, ✆ 90550, @ qjp537
- **NSG Kronswarder und südöstlicher Teil des Großen Binnensees.** Großflächige Schilfgebiete bieten u. a. der Großen Rohrdommel und der Bartmeise Brutreviere.
- **Hohwachter Strand**

Das heute vor allem touristisch geprägte Seeheilbad Hohwacht entstand wie fast alle Bäder an der Ostsee aus einem ehemaligen Fischerdorf. Zunächst von slawischen Völkern im 12. Jahrhundert besiedelt, wurde die Region erst sehr spät christianisiert, wodurch lange Zeit heidnische und Naturgottheiten verehrt wurden. Zu den ältesten Zeugen dieser Zeit zählen die verbreiteten Hügelgräber und Erdwälle, die bis heute in der Landschaft gut erkennbar sind. Im Mittelalter entwickelte sich Hohwacht zu einem wichtigen Handelsplatz für Kaufleute aus Dänemark, allerdings war diese Phase ab dem Bau der Eisenbahn und dem Ausbau der Landstraßen wieder vorbei. Bis vor rund 100 Jahren lebten die Einwohner wiederum hauptsächlich von der Fischerei und der Landwirtschaft. Bis heute entwickelte sich Hohwacht zu einem beliebten Tourismusstädtchen, das durch feinen Sandstrand, viele Sonnenstunden und jede Menge Wasser-Freizeit-Aktivitäten punkten kann.

Von Hohwacht nach Oldenburg in Holstein — 18 km

13 An der Vorfahrtsstraße links und dem Radweg durch Hohwacht folgen ~ in der Linkskurve, bevor es zum Strand geht, rechts in die unbefestigte Straße **Am Brackstock** ~ geradeaus in den unbefestigten Weg ~ über die **Holzbrücke** weiter auf dem unbefestigten

23
Radeland
22
Grünberg
Malmsteg
chmoel
2,8
Krummsiek
Monkamp
Todendorf
L165
Hohenfelde
2,4
35
2,5
3
Hohes Holz
Leuchtturm Neuland
Neuland
Satjendorf
Schwartbuck
Mühlenau
2,8
Behrensdorf
(Ostsee)
Kleiner Binne
Kembs
24
Gleschendorf
Gadendorf
Matzwitz
59
3,6

Sandweg zwischen Ostsee und **Sehlendorfer Binnensee** ~ **14** am Sehlendorfer Strand rechts auf Asphalt.

Sehlendorf (Blekendorf)

Vorwahl: 04382

- **Tourist-Information Sehlendorfer Strand**, Strandstr. 24, ✆ 92234, @ doa135
- **NSG Sehlendorfer Binnensee.** Selten gewordene Vögel wie Seeadler sind hier zu sehen und zahlreiche besondere Pflanzenfamilien konnten durch das geschützte Gebiet wieder heimisch werden.
- **Sehlendorfer Strand.** Weißer Sandstrand und warmes, ruhiges Meerwasser haben diesen Teil der Ostseeküste zu einem beliebten Badeplatz in Schleswig-Holstein gemacht. Richtung Weißenhaus schließt sich die 17 m hohe Steilküste an.

In Sehlendorf gegen Ortsende nach links Richtung **Hof Sehlendorf**, den Sie rechts liegen lassen ~ die leicht hügelige ruhige Straße führt zur **B 202, 15** dort links auf den Radweg ~ nach rund 2,5 km weisen die Schilder nach links von der Bundesstraße weg ~ zum Strand zurück und am Ufer weiter fahren ~ **16** beim **Imbiss** führt die Route geradeaus auf einem Radweg weiter, für einen Besuch im Gutsschloss Weißenhaus wenden Sie sich hier nach rechts.

Weißenhaus (Wangels)

- **Gutsschloss Weißenhaus.** Inmitten einer Parkanlage liegt der weiße zweigeschossige Neubarockbau aus dem Jahre 1897, der zu einem Luxushotel umgebaut wurde. Das Ensemble der Hofanlage wird durch ein Vogthaus, ein Kavaliershaus und ein Fachwerkgebäude ergänzt.

Es geht ein Stück links des Deiches am Weißenhäuser Strand entlang, dann den Deich überqueren und auf dem Radweg entlang der Kreisstraße weiterfahren.

Weißenhäuser Strand (Wangels)

Vorwahl: 04361

- **Tourist-Information**, Seestr. 1, ✆ 550, @ xdq487
- **NSG Weißenhäuser Brök.** Die Dünen zählen zu den größten der schleswig-holsteinischen Ostseeküste. Sie messen teilweise eine Höhe von 6 m.
- **NSG Wesseker See.** Der schilfbewachsene See ist vor allem als Brutgebiet für Wasservögel von großer Bedeutung.
- **Subtropisches Badeparadies**, Seestr. 1, ✆ 550, @ qff376

Über **Kleinwessek** gelangen Sie nach **Dannau,** einem Ortsteil von Oldenburg.

Dannau

17 Geradeaus weiter und dem straßenbegleitenden Radweg in Richtung Oldenburg folgen ~ die Autobahn überqueren, am Kreisverkehr vorbei und danach immer geradeaus auf der

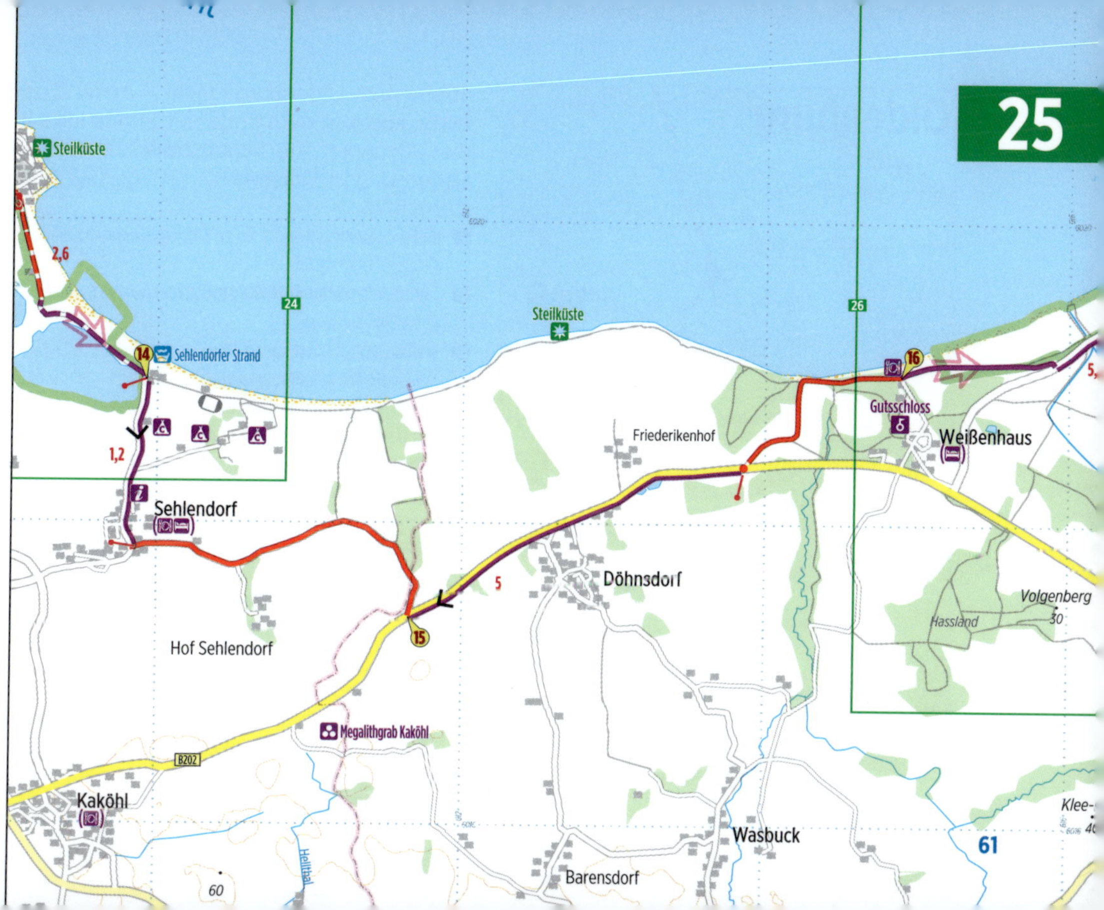

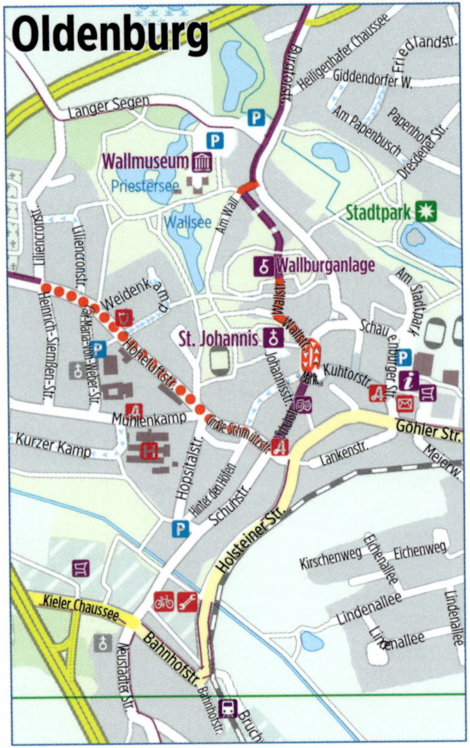

Straße nach Oldenburg hinein ~ in der Ortsmitte, kurz vor dem Ende der Straße links in die Fußgängerzone (**Schuhstraße**) zum **Markt**.

Oldenburg in Holstein

Vorwahl: 04361

- **KulTour gGmbH**, Göhler Str. 56, im Bildungs- und Kulturzentrum, ✆ 5083913, @ rip281
- **Tourist-Information Oldenburg in Holstein**, Schauenburger Pl. 2, ✆ 5083913, @ kma814
- **Wallmuseum/Gildemuseum**, Prof.-Struve-Weg 1, ✆ 623142 Neben der Ausstellung zur slawischen Geschichte des nordeuropäischen Raumes werden hier auch alte Fachwerkscheunen und realitätsgetreue Lebens- und Arbeitsbedingungen in der ehemaligen slawischen Fürstenburg dokumentiert. @ rhk832
- **St. Johannis**, Wallstr. 3. Das um 1156 aus Ziegeln erbaute Gotteshaus gilt als die älteste reine Backsteinkirche im romanischen Stil Norddeutschlands. Aufgrund eines Brandes im Jahr 1773 findet man heute im Inneren eine schlichte Holzeinrichtung samt prunkvollem Altarraum.
- **Wallburganlage**. Hierbei handelt es sich um einen slawischen Ringwall der slawischen Fürstenburg Starigrad, der im 7. Jh. angelegt wurde. Die beiden Schutzwälle sind bis zu 18 m hoch. Am Fuß der im 12. Jh. völlig zerstörten Burg entstand Oldenburg. Im ersten Drittel des 13. Jhs. ließ der damalige Graf Adolf IV. von Schauenburg im Zentrum der ehemaligen Anlage eine Burg errichten, die allerdings 1261 zerstört wurde.

Am Wallmuseum in Oldenburg

- **Stadtpark**. Der Park entstand im Zuge der Rekonstruktion der Wallanlage.

Von Oldenburg i. Holstein nach Heiligenhafen — *18,5 km*

Um den Markt herum und schräg links in die **Wallstraße** ~ in die nächste Straße nach rechts abbiegen zur **Wallburganlage** ~ durch diese hindurch und nach den Häusern an der Straße rechts ~ gleich darauf an der Vorfahrtsstraße links auf dem Radweg an der K 41 entlang ~ die Autobahn überqueren ~ **18** hinter dem

26
Wandelwitz
Techelwitz
Truppenübungsplatz
50
3,8
27
Nanndorf
Altgalendorf
40
A1
18
Kröß
Gut Friedrichstal
Gidden
Jahnshof
K41
Gut Ernsthausen
3
Weißenhäuser Strand
NSG Weißenhäuser Brök
10
5,5
Kleinwessek
Putlos
Oldenburg
in Holstein
3,2
17
Weißenhaus
25
Wesseker See
NSG Wesseker See
Dannau
K48
Wallmuseum
Wallsee
0,6
1,5
0,4
Oldenburger Graben
Volgenberg
30
Hassland
Ehlerstorf
Gutshaus
B202
Farve
Johannisbek
63

Ort **Krößß** in der Rechtskurve der Straße nach links abzweigen.

VARIANTE Sie können auch weiterhin dem Radweg entlang der Kreisstraße folgen und nach gut 5 km in Dazendorf wieder auf die Hauptroute wechseln. Diese Variante ist 1,5 km kürzer als die Hauptroute.

Auf der Hauptroute geradeaus in Richtung Wandelwitz ~ im Ort an der Weggabelung rechts in den **Ruchmoorweg** ~ an der T-Kreuzung links ~ **19** an der T-Kreuzung

Am Hafen in Heiligenhafen

rechts und auf der Allee weiter ~ **20** vor den ersten Häusern von Heiligenhafen nach links.

VARIANTE Sie können 3,5 km abkürzen und direkt ins Zentrum von Heiligenhafen gelangen, wenn Sie hier geradeaus fahren (s. Karte 28). Die Hauptroute ist weitaus schöner und ruhiger.

Auf der Hauptroute folgen Sie den Biegungen der Straße ~ an der Wegkreuzung rechts auf den unbefestigten Weg ~ bei den Hochhäusern des Ferienparks links zum Parkplatz abzweigen, eine kleine Rampe führt etwas hinab ~ vor den Häusern in die nächste Straße nach rechts ~ nach dem nächsten Parkplatz nach links in den Fußgängerbereich und zur Brücke ~ **21** auf der anderen Uferseite vor dem Parkplatz halbrechts, dann nach 100 m rechts in die Straße Steinwarder, die entlang des Binnenhafens verläuft ~ Sie umrunden den Binnenhafen und fahren entlang zahlreicher Bootsstege nach Heiligenhafen hinein.

Heiligenhafen

Vorwahl: 04362

Tourismus-Service Heiligenhafen, Bergstr. 43, ✆ 90720, @ qhn111

Heimatmuseum, Thulboden 11a, ✆ 3876 Dokumentation der Schifffahrtsgeschichte mit Schiffsmodellen und -porträts, der Stadtgeschichte und der Vor- und Frühgeschichte, Fossiliensammlung. @ uhj264

Gotische Backsteinkirche, Thulboden. Nach mehreren baulichen Veränderungen erhielt die Kirche (1250) in den 1950er Jahren ihre heutige Gestalt. Neben dem Treppengiebel weist sie außerdem ein Epitaph aus dem Jahr 1698 von Th. Quellinus auf.

Alter Salzspeicher, Hafenstr. 2, ✆ 2828. Mittelalterlicher Fachwerkbau von 1587, in dem sich heute ein Restaurant befindet. @ int612

Erlebnis-Seebrücke. Die 440 m lange Seebrücke ist eine architektonische Besonderheit: Sie besteht aus drei Teilen, die in Form eines Blitzes aneinandergebaut sind. Auf der Brücke gibt es Badedecks, Ruhebereiche, einen Wasserspielbereich, eine verglaste Lounge etc. @ vpw426

Naturschutzgebiet Graswarder/Heiligenhafen, ✆ 6947, Führungen: Ostern-Okt., tägl. 10.30 Uhr, Juni-Aug. zusätzlich 15 Uhr, Infos beim Naturzentrum Graswarder. Das Schutzgebiet befindet sich auf dem äußersten Rand der Nehrung vor Heiligenhafen. Es ist Heimat der größten Sturmmöwenkolonie an der holsteinischen Ostseeküste. @ asu558

Aktiv-Hus, Ostsee-Ferienpark, ✆ 50340. Wellness und Beauty, Sauna, ca. 5 km bewachter Strand auf der Nehrung Steinwarder. @ cml563

Heiligenhafen entstand Mitte des 13. Jahrhunderts im Zuge der Kolonisation Ostholsteins unter Graf Adolf IV. von Schauenburg. Den für den Seehandel günstigen Anlandeplatz ausnutzend, entstand zwischen 1249 und 1259 die um Markt und Kirche geplante Stadt Heiligenhafen, der um 1250/60 das Stadtrecht verliehen wurde. Ziel der Stadtgründung und des Hafens, wie auch der von Kiel und Neustadt, war die Erschließung des blühenden Ostseehandels für das bäuerliche Hinterland Holsteins. Der Hafen spielt auch heute noch eine wichtige

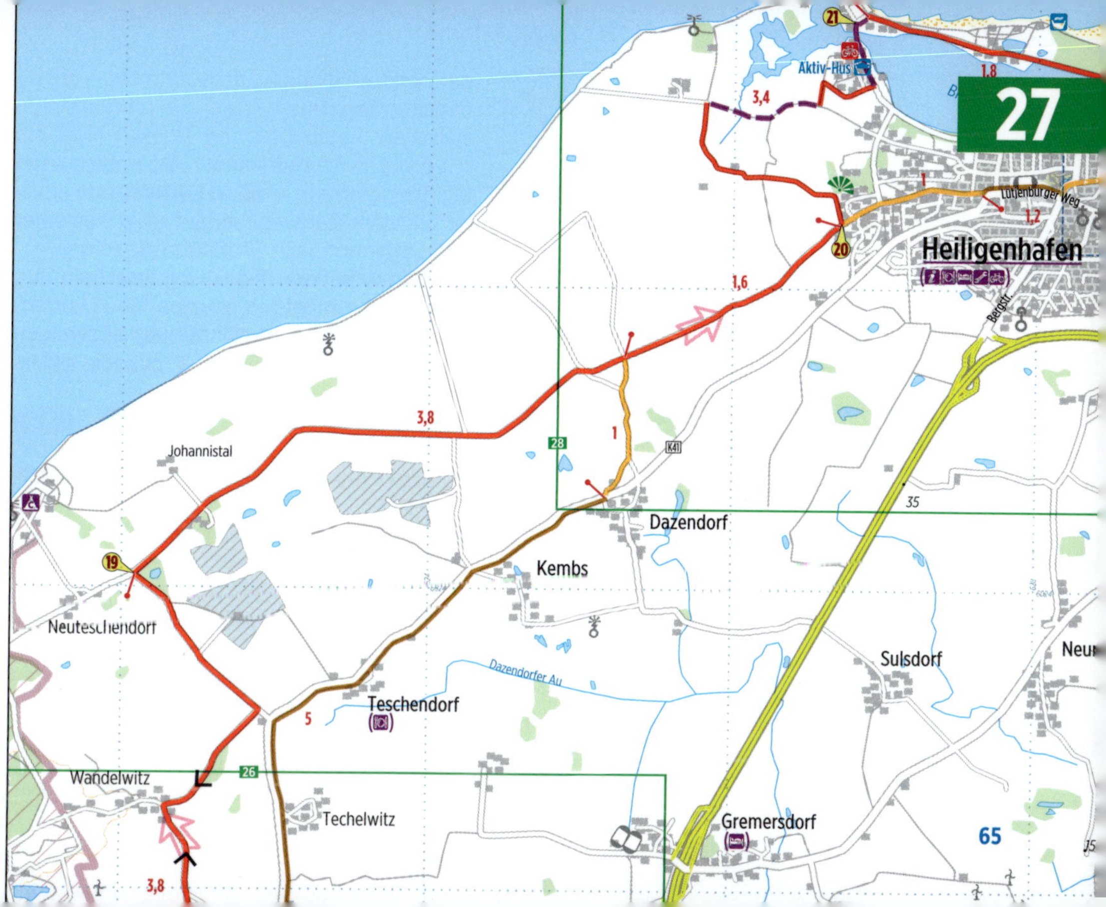

Rolle, sowohl für die Berufsfischerei als auch für die Skipper mit ihren Segeljachten.

Von Heiligenhafen nach Orth/Fehmarn 24 km

Nach der Brücke an den Parkplätzen vorbei, dahinter links halten ~ **22** nach wenigen Metern links abbiegen in den rot gepflasterten Bereich, vor zum Hafenbecken und an dessen rechtem Rand entlang ~ weiter auf der **Kapitän-Nissen-Straße** und geradeaus an der Segelschule vorbei auf einen unbefestigten Radweg ~ an der ersten Gabelung rechts, an der zweiten Gabelung erneut rechts ~ auf einer alten Bahntrasse fahren Sie schnurgerade zwischen Siedlungen und Wiesen hindurch ~ vorbei an **Strandhusen** ~ Sie unterqueren die Bundesstraße ~ **23** in **Lütjenbrode** linksherum dem Radwegeverlauf über **Mittelhof** und **Lütjenhof** nach Großenbrode folgen.

VARIANTE Wenn sie auf den Besuch der Insel Fehmarn verzichten möchten, können Sie in Lütjenhof rechts in den Holländerweg abzweigen und gleich weiter Richtung Lübeck radeln (s. Karte 37).

Großenbrode

Vorwahl: 04367

- **Tourist-Information**, Teichstr. 12, im Rathaus, ✆ 997113, @ byn268
- **St. Katharinen**, Nordlandstr. 13. Die Backsteinkirche wurde im 13. Jh. erbaut und im 17./18. Jh. um einen Glockenturm in Holzbauweise erweitert.
- **Dorfanger**. Der Dorfanger ist gesäumt von wendischen Reetdachhäusern.

Im Ort rechts in die Straße **Hinter den Höfen** ~ gleich wieder links in die **Teichstraße** ~ an deren Ende rechts in die **Schmiedestraße** ~ an der Kreuzung links und an der Gabelung wieder links ~ die Vorfahrtsstraße überqueren und rechts weiter auf dem straßenbegleitenden Radweg ~ **24** die **B 207** auf der Brücke überqueren, dann von der Auffahrt links abzweigen und gleich wieder rechts einbiegen ~ der ruhigen Asphaltstraße folgen ~ ⚠ an der B 207 durch das etwas versteckt liegende Tor auf den Weg entlang der Straße schlängeln.

ACHTUNG Lediglich ein teilweise schmaler Notgehweg, auf dem Sie Ihr Fahrrad schieben müssen, führt auf der Brücke über die Ostsee.

St.-Katharinen-Kirche in Großenbrode

28
Steinwarder
Erlebnis-Seebrücke
Fischereihafen
Beobachtungsturm
Naturschutzgebiet Graswarder/Heiligenhafen
Aktiv-Hus
Binnensee
Heiligenhafen
Lütjenburger Weg
Sundw.
Ortmühle
Strandhusen
Sundweg
Bergstr.
C.-M.-v.-Weber Str.
A1
B501
B207
K41
Klaustorf
Lütjenbrode
Mittelhof
Lütjenhof
Orthfeld
St. Katharinen
Großenbrode
Dazendorf
67

Fehmarnsundbrücke

25 Auf der Brücke über den **Fehmarnsund** ⇝ auf der Insel angelangt dem Straßenverlauf nach Strukkamp folgen.

Fehmarn

„Wat büst Du lütt Insel doch schön", dies dichtete der Gründer des Burger Heimatmuseums, Peter Wiepert, über seine Insel Fehmarn. Das Wörtchen „lütt" (klein) sagt in diesem Fall nichts über die wahre Größe der Insel aus. Ganz im Gegenteil, mit einer Größe von 185 Quadratkilometern ist Fehmarn nach Rügen und Usedom die drittgrößte Ostseeinsel Deutschlands. Insgesamt 78 Kilometer Küste spiegeln die abwechslungsreiche Küstenlandschaft des südlichen Ostseeraumes wider.

Seit 1963 ist der „6. Kontinent", wie die Fehmaraner gerne selbst sagen, durch die Fehmarnsundbrücke mit dem europäischen Kontinent verbunden. Die im Volksmund als „Kleiderbügel" titulierte Brücke ist insgesamt 963 Meter lang und 70 Meter hoch.

Neben diesen technischen Superlativen bietet die Insel ein weiteres, jedoch weit angenehmeres Highlight: Fehmarn ist einer der sonnenreichsten Flecken Deutschlands. Ca. 2.200 Stunden Sonne jährlich tragen dazu bei, die Seele baumeln zu lassen. Im nur wenige Kilometer entfernten Hamburg sitzt man doch schon häufiger im Regen. Lediglich 1.550 Sonnenstunden im Jahr werden dort durchschnittlich gemessen.

Strukkamp (Fehmarn)

26 Am Ortseingang links zum Campingplatz ⇝ auf der Hauptstraße durch das Campingplatzgelände, dahinter rechts auf den Deichweg ⇝ am Megalithgrab rechts auf das Sträßchen ⇝ an der T-Kreuzung links nach **Gold** abzweigen.

VARIANTE Im Westen und im Norden der Insel Fehmarn wurden im letzten Jahr die Deichkronenwege größtenteils gut ausgebaut. Es gibt jedoch auch immer noch kurze Abschnitte, wo die Route auf einem schmalen ausgetretenen Pfad entlang führt. Zudem müssen Sie sich auch immer wieder durch die Schafgatter hindurchschlängeln. Ohne Gepäck und mit einem dick bereiften Trekking- oder Mountainbike kann eine solche Wegeführung natürlich recht reizvoll sein, da man von der erhöhten Deichkrone einen schönen Blick auf das Meer hat. Daher bieten wir Ihnen auch immer eine Alternative im Inneren der Insel auf asphaltierten Straßen an. In diesem Fall werden Sie jedoch dem Autoverkehr nicht ganz entgehen können, denn zu bestimmten Tageszeiten ist auch auf den schmalen Straßen mit mehr Verkehr zu rechnen.

Die erste dieser Alternativrouten führt Sie über Albertsdorf nach Westerbergen (3,5 km).

Albertsdorf auf Fehmarn (Fehmarn)

Megalithgrab von Gold. Die ca. 5.500 Jahre alte Anlage stammt aus der Jungsteinzeit.

AUSFLUG Etwas weiter östlich im Landesinneren liegt die Ortschaft Landkirchen, die Sie auf der Straße über Teschendorf nach 2,8 km erreichen.

Landkirchen auf Fehmarn (Fehmarn)

St.-Petri-Kirche. In dieser schönen gotischen Backsteinkirche aus dem 13. Jh. befindet sich die lübsche Kogge (1617), eines der wertvollsten Votivschiffe der Welt, sowie die Marienkrone, die um 1390 datiert wird. Hier ist auch ein besonderes Stück fehmarnscher Geschichte aufbewahrt, der Landesbock. In dieser Truhe, die nur gemeinsam von den drei Amtsmännern Fehmarns geöffnet werden konnte, wurden die wichtigsten Dokumente der Insel aufbewahrt.

Auf der Hauptroute radeln Sie am Ufer in **Gold** wieder rechts auf den Deich dem Wegverlauf bis zu den ersten Häusern von Westerbergen folgen, dort rechts an der T-Kreuzung rechts und gleich wieder links auf die Vorfahrtsstraße **27** der Linkskurve der Straße zum Ufer und weiter nach Lemkenhafen folgen

am Ortseingang von Lemkenhafen links in die **Königsstraße**.

Lemkenhafen (Fehmarn)

Vorwahl: 04372

Mühlen- und Landwirtschaftsmuseum, Mühlenweg 45, ✆ 1894 Das Museum ist in der 1787 erbauten Grütz- und Graupenmühle untergebracht. Herzstück der Ausstellung ist die Jachen Flünck, die letzte erhaltene Segelwindmühle Europas. @ qgh315

Leuchtturm Flügge auf Fehmarn

Im Rechtsbogen am **Hafen** vorbei ~ geradeaus aus dem Ort hinaus ~ die offizielle Route führt hinter Lemkenhafen auf den Deich hinauf.

VARIANTE Wenn Sie rechts nach Neuhof abzweigen, können Sie alternativ zum Deichkronenweg bis Orth oder weiter bis Püttsee fahren. (7 km).

Auf der Hauptroute radeln Sie auf dem Deich bis nach Orth.

Orth (Fehmarn)

Alter Hafen. Sehenswert ist der Hafen insbesondere wegen seiner Speicher und Schuppen, die von seiner alten Stellung als blühender Handelsplatz um die Jahrhundertwende (19./20. Jh.) zeugen. 1880/81 beauftragte Kaiser Wilhelm I. den Bau der Anlage.

Von Orth (Fehmarn) nach Puttgarden 26 km

Von Orth aus geht es zwischen Sulsdorfer Wiek und Ostsee auf dem Deich weiter.

Hier an der Südwestküste Fehmarns im Naturschutzgebiet Krummsteert-Sulsdorfer Wiek haben viele vom Aussterben bedrohte

Hafen in Orth auf Fehmarn

Vogelarten ein ungestörtes Rückzugsgebiet. Vom Deich aus können die Brutplätze verschiedener Wasservögel beobachtet werden.

Nach ca. 1,5 km an der T-Kreuzung nach links abbiegen ~ an der asphaltierten Straße nach rechts in Richtung Flügge weiterfahren, geradeaus gelangen Sie zum Leuchtturm ~ nach der Rechtskurve der Straße scharf links abbiegen.

Flügge (Fehmarn)

Vorwahl: 04372

30
Bisdorf
auf Fehmarn
Altjellingsdorf
Mittelhof
Püttsee
Sulsdorf
(Fehmarn)
Gollendorf
Bellevue
Landki
auf Fehm
Jimi-Hendrix-Gedenkstein
Neuhof
Sartjendorf
St. Petri
Mühlenmuseum
Neujellingsdorf
Sulsdorfer Wiek
Flügge
Alter Hafen
Orth
(Fehmarn)
Lemkenhafen
Teschendorf
(Fehmarn)
Westerbergen
Leuchtturm Flügge
NSG Krummsteert-Sulsdorfer Wiek
Ostsee
Albertsdorf
auf Fehmarn
Gold
Bliesd
Strukkamp
Avendorf
auf Fehmarn
Megalithgrab von Gold
B207
31
29
36
28
27
26
71
3,2
1
0,2
1,6
1,6
1,6
0,6
0,8
3,2
2,5
1,6
1,6
1,2
0,8
1,8
2,8
1,4
1,8
2,4
0,5
3

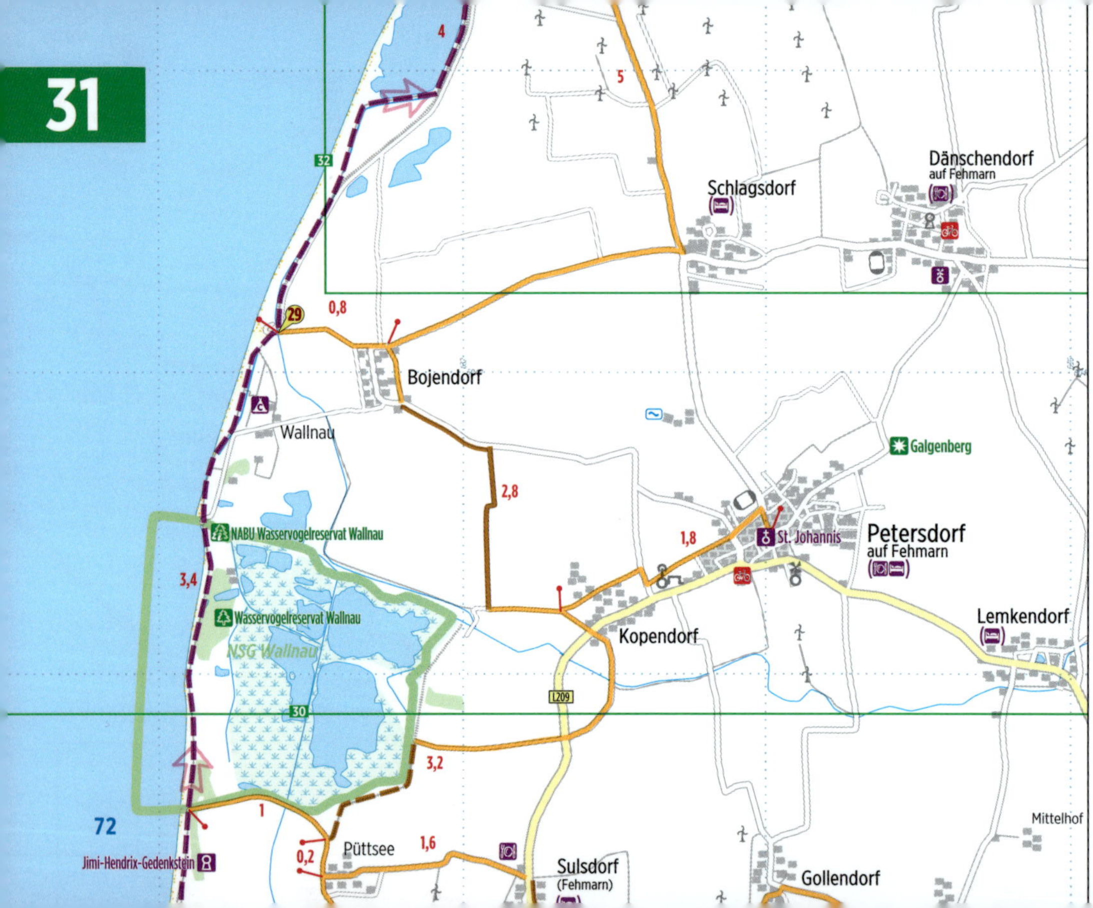

Leuchtturm Flügge, ✆ 806456, ✆ 0160/1428668 162 Stufen führen hinauf zum großen Blick über den Fehmarnsund. Mit Kaffeegarten. @ ioo822

Jimi-Hendrix-Gedenkstein, küstennah gelegen auf der Höhe von Püttsee. 2,5 m hoher und 6,5 t schwerer Findling, den eine herausgearbeitete Fender-Gitarre ziert.

In Flügge gab die Rocklegende Jimi Hendrix während des Love & Peace Festivals am ersten Wochenende im September des Jahres 1970 das letzte Konzert vor seinem Tod am 18.09.1970. In der Nähe des ehemaligen Festivalgeländes wurde der Jimi-Hendrix-Gedenkstein aufgestellt. In den Stein meißelte der Steinmetz Andreas Lewerenz eine Fender-Gitarre und die Gedenkschrift „Jimi Hendrix, Fehmarn, Love and Peace Festival, 4.-6. September 1970".

28 Von dem kleinen Parkplatz rechts auf den Deichweg und rechts am Campingplatz entlang links am Jimi-Hendrix-Gedenkstein vorbei an der abzweigenden Straße geradeaus weiter.

VARIANTE Alternativ zum Küstenabschnitt können Sie der asphaltierten Straße nach rechts in Richtung Püttsee folgen, um abseits der Küste auf fast durchgehend asphaltierten Wegen über Bojendorf nach Westermarkelsdorf zurück zur Hauptroute zu gelangen.

Alternativroute nach Westermarkelsdorf *12 km*

Im Rechtsbogen der Straße kurz vor dem Ort biegen Sie links ab und fahren für ca. 1 km auf Wiesenweg am Deich entlang dann rechts von diesem ab auf eine Asphaltstraße die **L 209** queren und in einem weiten Linksbogen auf dem **Grünen Weg** bis nach Kopendorf radeln.

Kopendorf (Fehmarn)

In Kopendorf geradeaus über die L 209.

AUSFLUG **An der nächsten Kreuzung können Sie, wenn Sie rechts abzweigen, einen Abstecher nach Petersdorf unternehmen.**

Petersdorf (Fehmarn)

St. Johannis, An der Kirche. Die Kirche (13. Jh.) ist das Wahrzeichen der Region Westfehmarn

Der Volksmund über die Kirchen Fehmarns: „Die Burger ist die größte, die Petersdorfer die höchste, die Landkirchener die feinste und die Bannesdorfer die kleinste."

Ungefähr 800 m nach dem Queren der Landesstraße zweigen Sie rechts ab in den An-

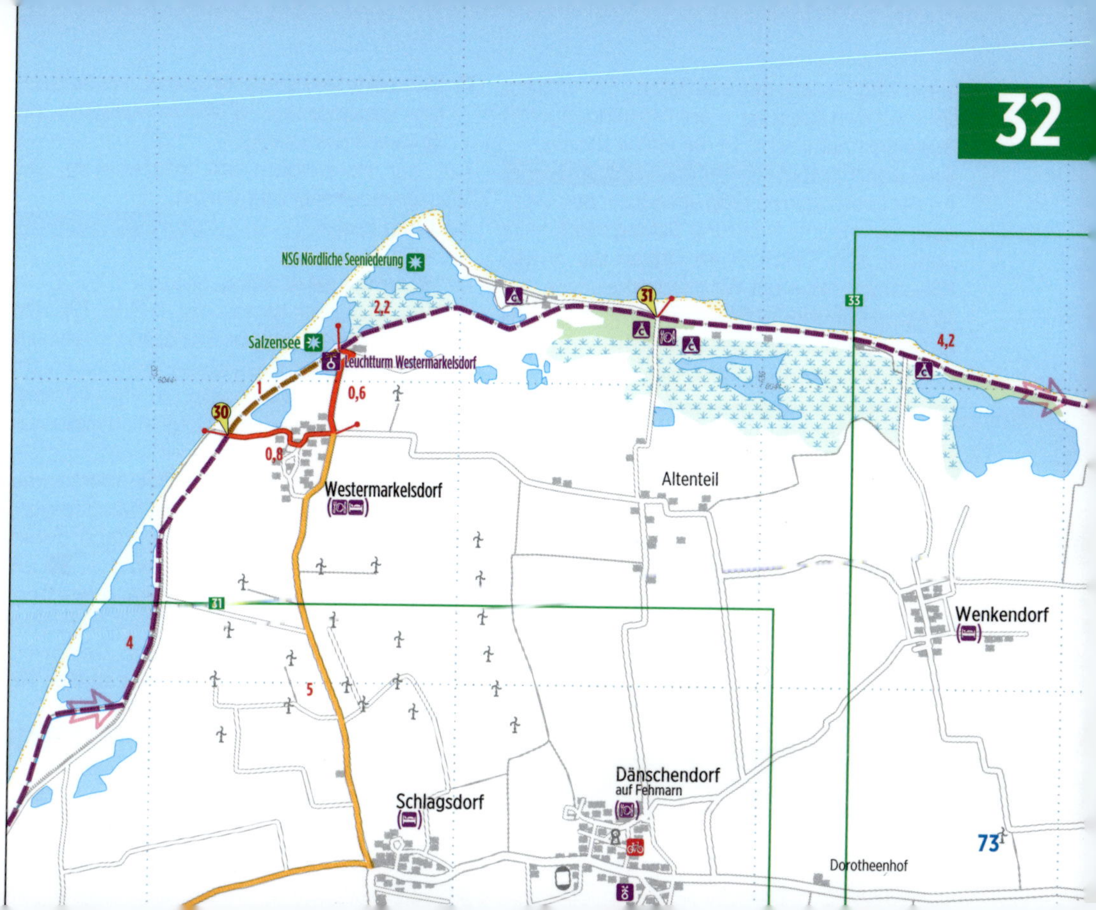

liegerweg ~ an der nächsten T-Kreuzung links auf den Radweg ~ am Ortseingang von Bojendorf halbrechts in die kleine Straße.

Bojendorf (Fehmarn)

An der Dreieckskreuzung am nördlichen Ortsrand nach rechts Richtung **Schlagsdorf**, links geht es zum Deich ~ im Ort an der ersten Kreuzung links nach Westermarkelsdorf.

Westermarkelsdorf (Fehmarn)

Leuchtturm Westermarkelsdorf. Der knapp 18 m hohe Backsteinturm (1881) steht unter Denkmalschutz.

Westermarkelsdorf, Leuchtturm

NSG Nördliche Seeniederung und Salzensee, nahe des Leuchtturms. Robustrinder sorgen auf Teilen des Gebietes dafür, dass die Gewässer nicht verlanden.

Auf der Hauptroute am Infozentrum des Wasservogelreservats vorbei.

Wallnau (Fehmarn)

Vorwahl: 04372

Wasservogelreservat Wallnau, Wallnau 4, ☎ 1002, 10-17 Uhr, Infozentrum: März-Okt., tägl. 10-17 Uhr, Führungen März-Okt., tägl. 11, 13, 15 Uhr. Der Naturschutzbund Deutschland organisiert Führungen zu den Beobachtungsständen sowie zum Aussichtsturm in der 300 ha großen, ehemaligen Kulturlandschaft, die durch Gräben, Teiche, Schilfgürtel und Feuchtwiesen geprägt ist. @ rwv751

29 Vorbei am Abzweig nach Bojendorf ~ die nächsten 4 km weiter dem Deichweg folgen, parallel zum Deichkronenweg verläuft direkt hinter dem Deich ein Asphaltweg ~ **30** an der querenden Straße rechts nach Westermarkelsdorf.

VARIANTE **Alternativ können Sie auf dem Deichweg bis zum Leuchtturm fahren. Hier stoßen Sie dann wieder auf die Hauptroute.**

Westermarkelsdorf (Fehmarn)

Leuchtturm Westermarkelsdorf. Der knapp 18 m hohe Backsteinturm (1881) steht unter Denkmalschutz.

NSG Nördliche Seeniederung und Salzensee, nahe des Leuchtturms. Robustrinder sorgen auf Teilen des Gebietes dafür, dass die Gewässer nicht verlanden.

Auf dem Sträßchen im Bogen durch den Ort ~ an der Kreuzung am Ortsende links in Richtung Leuchtturm ~ an der T-Kreuzung links weiterfahren ~ wenige Meter später rechts auf den Deichkronenweg abbiegen ~ **31** nach 2,5 km an der Querstraße weiter geradeaus ~ Sie bleiben für die folgenden Kilometer auf dem Deichweg ~ **32** an der Gabelung beim Binnensee des **Naturschutzgebietes Grüner Brink** halten Sie sich links ~ am Ende des Weges rechts auf die asphaltierte Straße und nach Puttgarden hinein.

Puttgarden (Fehmarn)

Fährverbindungen. Von hier aus fahren die großen Fähren alle 30 Min. nach Rødby, Dänemark. Tagesausflüge. @ jbo738

Von Puttgarden zum Fehmarnsund 32,5 km

An der Vorfahrtsstraße rechts auf den straßenbegleitenden Radweg ~ **33** kurz vor dem Ortsausgang biegen Sie links ab und fahren auf dem **Marienleuchter Weg** Richtung **Marienleuchte** ~ unter der Bundesstraße hindurch ~ nach dem Linksbogen an der Weggabelung

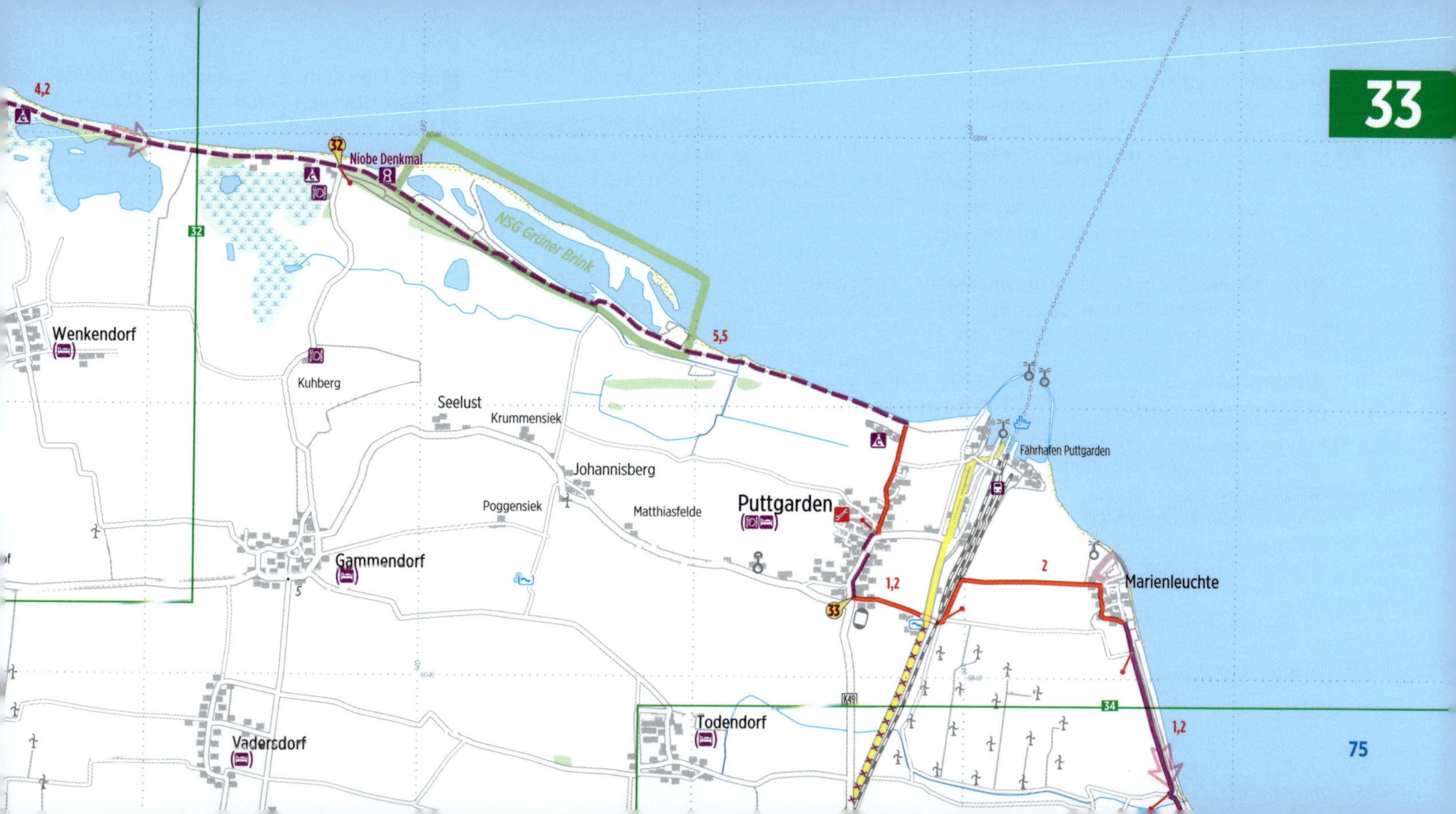
33
4,2
32
Niobe Denkmal
NSG Grüner Brink
5,5
Wenkendorf
Kuhberg
Seelust
Krummensiek
Johannisberg
Poggensiek
Matthiasfelde
Puttgarden
Fährhafen Puttgarden
Gammendorf
5
1,2
33
2
Marienleuchte
K49
34
Todendorf
Vadersdorf
1,2

geradeaus ~ den nächsten Abzweig nach rechts nehmen ~ in **Marienleuchte** in die erste Straße nach rechts, dieser folgen ~ beim Linksknick nahe des Ufers nach rechts ~ parallel zur Küste weiter auf dem Asphaltband hinter dem Deich ~ **34** beim **Parkplatz** den Weg im Schutze des Deichs verlassen und nach links wenden.

VARIANTE **Hier können Sie optional rechts abbiegen, um auf ruhigen Straßen durch das Inselinnere zu fahren und 5 km abzukürzen.**

Alternativroute durch das Inselinnere 9,5 km

Fahren Sie am Parkplatz nach rechts ~ nach der Linkskurve gabelt sich der Weg, Sie nehmen den Linken ~ an der nächsten Abzweigung rechts nach Klausdorf hinein ~ bei den ersten Häusern einer Links-Rechts-Kombination folgen, dann an der **Dorfstraße** nach links.

Klausdorf (Fehmarn) (Fehmarn)

Auf dieser Straße geht es nun nach **Gahlendorf** ~ am rechten Rand des Ortes entlang ~ gegen Ortsende rechts ab ~ an der nächsten Abzweigung wieder links ~ mit einer Zick-Zack-Führung durch die Felder gelangen Sie nach Vitzdorf.

Vitzdorf (Fehmarn)

Im Ort rechts und an der Vorfahrtsstraße erneut rechts ~ nach ca. 700 m auf der stärker befahrenen Straße links ab nach **Sahrensdorf** ~ die Vorfahrtsstraße links versetzt queren und in den Ort hinein.

Sahrensdorf (Fehmarn)

Immer geradeaus Sahrensdorf durchfahren ~ an der Kreuzung am Ortsende nach links ~ die **Strandallee** leicht nach links versetzt queren, wo Sie nun wieder auf die Hauptroute stoßen.

Die Hauptroute verläuft nun für einige Kilometer in direkter Strandnähe ~ am Campingplatz Klausdorfer Strand vorbei ~ an der Waldkante vor dem zweiten Campingplatz rechts und gleich wieder links ~ geradeaus auf eine Asphaltstraße ~ **35** nach dem Campingplatz die nächste Straße links zur Küste ~ kurz vor der Küste nach rechts wenden und weiter entlang der Küste nach Süden ~ vor der Marineküstenstation der Rechtskurve des Weges folgen ~ rechts am Sperrgebiet entlang ~ **36** an der Straße nach rechts abbiegen ~ geradeaus am Abzweig vorbei.

AUSFLUG **Nach links lohnt ein Abstecher zum südöstlichen Ufer von Fehmarn nach Staberhuk zum Leuchtturm.**

Staberhuk (Fehmarn)

Leuchtturm Staberhuk. Der im Jahr 1903 errichtete Leuchtturm gilt als der älteste der Insel Fehmarn. Als einzigartige Besonderheit gelten die unterschiedlichen Farben der Backsteine: Während die Ostseite des Turmes noch aus den ursprünglichen gelben Backsteinen besteht, hielten diese an der Westseite der Witterung nicht stand und wurden durch rote Steine ersetzt. Die gusseiserne Laterne oben drauf stammt vom alten Leuchtturm von Helgoland.

Künstlergruppe „Die Brücke"

Der berühmte Maler Ernst Ludwig Kirchner (1880-1938) studierte zunächst Architektur in Dresden. 1905 gründete er dort zusammen mit Erich Heckel (1883-1970) und Karl Schmidt-Rottluff (1884-1976) die Künstlergruppe „Die Brücke". Von 1911 bis zu seiner schweren Erkrankung 1918 lebte der führende Graphiker und Hauptvertreter des Expressionismus in Berlin. Danach dann in Frauenkirch (Schweiz), wo er 1938 Selbstmord beging. Ein Jahr zuvor waren seine als „entartete Kunst" diffamierten Werke beschlagnahmt worden.

In der Zeit zwischen 1908 und 1914 hielt sich Kirchner immer wieder in seinem „irdischen Paradies" auf, wie er die

Ostseeinsel Fehmarn bezeichnete. Insgesamt fünfmal besuchte er in diesen Jahren die Insel. Während seiner mehrmonatigen Aufenthalte wohnte er ganz in der Nähe des Leuchtturms Staberhuk auf dem südöstlichen Huk der Insel. Auf Fehmarn erkannte er für sich die Einheit von Mensch und Natur. So entstand ein eigenständiger Teil seines Gesamtwerkes mit expressionistischen Naturgemälden, der in und nach der Natur gemalt war. In Burg pflegt der Kirchner-Verein Fehmarn das kulturelle Erbe des Expressionisten Kirchner.

Auf der Hauptroute der Straße nach **Staberdorf** folgen ~ bei den ersten Häusern links abbiegen ~ der Straße zum Feriendorf folgen ~ **37** am Ende der Asphaltstraße links zur Küste ~ dort rechts und immer ufernah, z. T. auf Bohlenwegen Richtung Burgtiefe ~ rechts um den Parkplatz herum.

Burgtiefe (Fehmarn)

Vorwahl: 04371

- **Tourismus-Service Fehmarn**, Zur Strandpromenade 4, ✆ 506300, @ xgi822
- **Burgruine Glambeck.** Die Reste der mittelalterlichen Burg aus dem 13. Jh. befinden sich am Südstrand. @ etu626
- **Vitarium**, Ferienzentrum Südstrand, ✆ 890. 3.000 m² große Freizeitlandschaft.
- **Badeplatz am Südstrand**

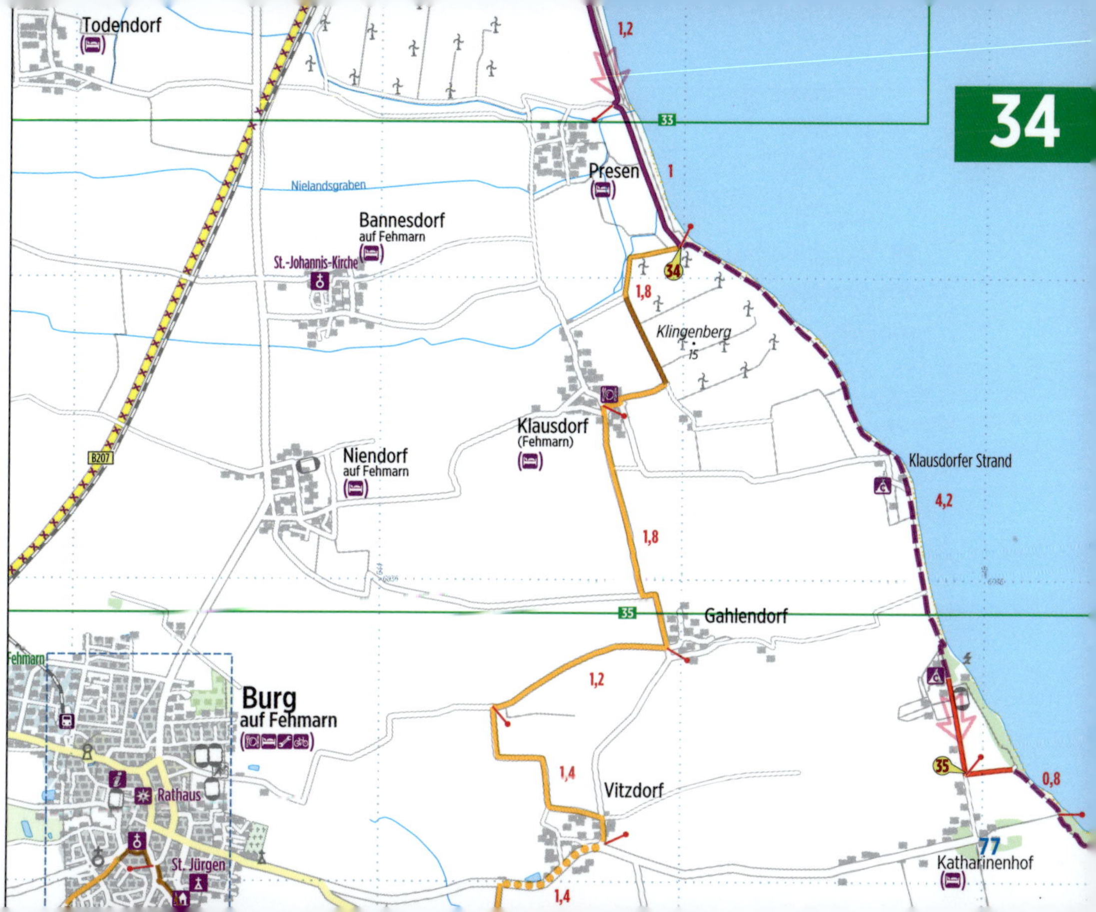

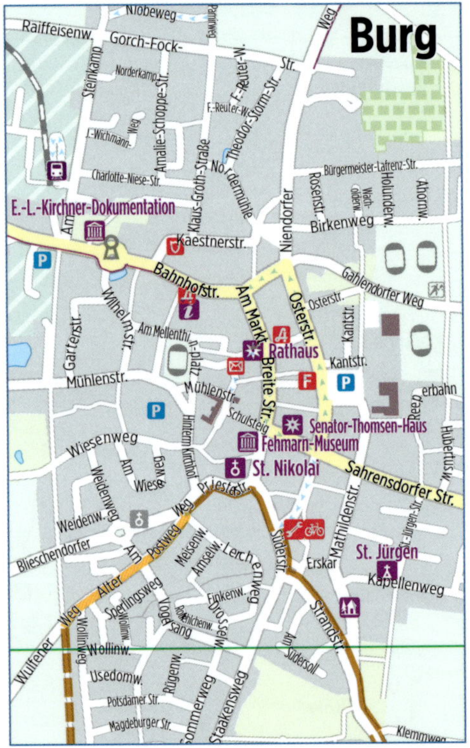

FehMare, Zur Strandpromenade 6, ✆ 889960, @ nfr427

Auf dem straßenbegleitenden Radweg an der Strandstraße nach Norden ~ hinter der Passage zwischen Burger und Sahrensdorfer Binnensee nach links abbiegen.

AUSFLUG **Wenn Sie hier weiter geradeaus fahren, kommen Sie in das sehenswerte Zentrum des Städtchens Burg auf Fehmarn.**

Variante über Burg auf Fehmarn 4 km

Sie folgen weiter der **Strandstraße** ~ an der Gabelung mit der Mathildenstraße halten Sie sich links und bleiben auf der **Strandstraße** ~ an der T-Kreuzung rechts in die **Süderstraße**.

Burg auf Fehmarn (Fehmarn)

Vorwahl: 04371

- **Tourismus-Service Fehmarn**, Bahnhofstr. 30, ✆ 506358, ✆ 506359, @ ytg386
- **Fehmarn-Museum**, Breite Str. 49, ✆ 6257. Die Spurensuche und Sammelleidenschaft Peter Wieperts führten zur Gründung des Museums.
- **Meereszentrum Fehmarn**, Gertrudenthaler Str. 12, ✆ 4416. Rund 1.000 Meerestiere sind in verschiedensten Aquarien zu bewundern, mit dabei auch das größte Hai-Aquarium Deutschlands. @ xxv883

Burg auf Fehmarn, St. Nikolai

Meereszentrum Fehmarn
Landkirchener Weg
Burg
auf Fehmarn
Rathaus
St. Jürgen
Vitzdorf
Katharinenhof
Ochsenberg
25
Hinrichsberg
30
Sahrensdorf
Meeschendorf
Burgstaaken
Neue Tiefe
Museum Übersee
Seenotrettungsmuseum Fehmarn
U-Boot-Museum
Staberdorf
Fehmarnstrand
Sahrensdorfer Binnensee
Burgruine Glambeck
Vitarium
FehMare
Burgtiefe
Gut Staberhof
Leuchtturm Staberhuk
Staberhuk
Megalithgrab
Berggraben
L209
1,2
1,4
1,4
1,4
0,8
3,2
3,2
2
2
1,8
3
1,6
0,5
2,8
1,5
35
36
37
38
34

Fehmarnsundbrücke

Ernst-Ludwig-Kirchner-Dokumentation, Bahnhofstr. 47, 869590. Dokumentation der Arbeiten des Mitbegründers der Künstlergruppe „Die Brücke" und Expressionisten Ernst Ludwig Kirchner und seiner Fehmarnzeit. @ evu436

St.-Nikolai-Kirche, April-Okt. 10-16 Uhr. Die Kirche stammt aus dem 13. Jh. Der wiederentdeckte St.-Blasius-Altar und zwei Taufbecken, darunter ein aus Schweden stammendes Bronzebecken, das von drei Löwenfiguren bewacht wird, sind die Sehenswürdigkeiten im Kircheninneren.

St.-Jürgen-Kapelle. Mittelalterliche Kapelle mit Wandmalereien aus dem 15. Jh.

Rathaus, Am Markt 1 Besichtigungen Mo, Mi-Fr 8-12 Uhr, Di 8-12.30 Uhr und 13.30-18 Uhr, Anm. in Zimmer 14. Besichtigung des Stadtarchives Di 14-17 Uhr.

Senator-Thomsen-Haus, Breite Str. 28. Hier finden die „Burger Kunsttage", Konzerte und Kunstausstellungen statt.

Von der Süderstraße biegen Sie links ab in die **Priesterstraße** ~ über den **Alten Postweg** kommen Sie wieder zurück zur Hauptroute.

Auf einem Weg am **Burger Binnensee** entlang führt die Hauptroute nach Burgstaaken.

Burgstaaken (Fehmarn)

Vorwahl: 04371

Museum Übersee, Hafenstr. 69, 879247. Das Museum vereint Völker-, Seefahrts- und Naturkunde. Gezeigt wird eine Sammlung von über 1.000 Exponaten. @ mgo858

Seenotrettungsmuseum Fehmarn, Burgstaaken 89, 8797777 Hauptattraktion ist der legendäre Kreuzer Arwed Eminghaus, zudem werden viele Ausstellungsstücke aus der Zeit der Seenotrettung der letzten 150 Jahre gezeigt. @ glo725

U-Boot-Museum, Burgstaaken 87, 8891055 Bei der Besichtigung des U-Bootes U 11 lässt sich das Leben auf engstem Raum nachempfinden, in der benachbarten Ausstellung wird über die deutsche U-Boot-Flotte der Nachkriegszeit informiert. @ qjj567

Sie kommen zum **Hafen** und queren hier geradeaus die Straße ~ in der Hafenanlage nach rechts ~ hinter dem Parkplatz links ~ **38** am Ende des Hafens rechts auf den unbefestigten Weg ~ auf dem Deichweg fahren Sie direkt am Wasser entlang ~ den Deich auf Höhe von Wulfen nach rechts verlassen ~ dem Straßenverlauf durch die Ortschaft folgen.

Wulfen (Fehmarn) (Fehmarn)

Vor dem Campingplatz nach rechts wenden ~ **39** an der Vorfahrtsstraße gleich wieder links abbiegen nach **Fehmarnsund** ~ auf einer Anliegerstraße den Ort durchfahren ~ vor dem Bahndamm links und die Fehmarnsundbrücke unterqueren ~ rechts halten und am Damm entlang ~ rechts hoch und zurück zum Radweg entlang der Bundesstraße über den Fehmarnsund ~ ⚠ nach 1 km auf dem Festland rechts durch das kleine Tor, die Stelle ist leicht zu verpassen, und wieder rechts auf den **Königsweg** ~ in einem Bogen bis zum Ufer vorfahren und um die Brückenpfeiler herum.

Von Fehmarn nach Lübeck

115,2 km

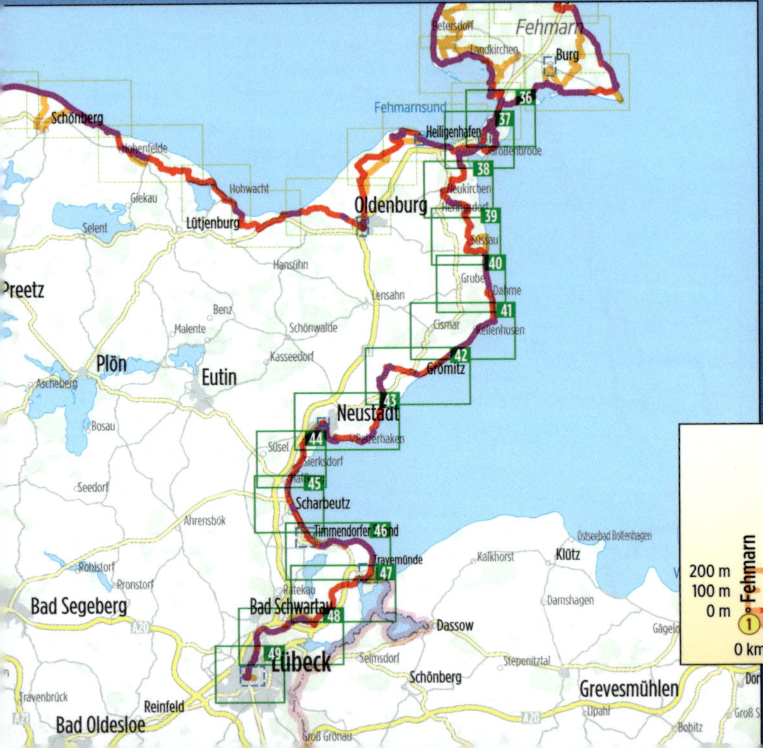

HM/km: ↗ 1,8 (205m) ↘ 1,6 (190m) Radweg: 56 % Unbefestigt: 20 % Verkehr: 5 %

Abwechslungsreich führt die Route zwischen dem Hinterland und der Küste hin und her. Traditionsreiche Ostseebäder wie Dahme, Timmendorfer Strand oder Travemünde laden Sie mit ihren langen weißen Sandstränden zu einem Bade-, Surf- oder Erholungsaufenthalt ein. Und als krönenden Höhepunkt macht Ihnen die Hansestadt Lübeck mit ihren unzähligen Sehenswürdigkeiten und dem großen kulturellen Angebot ihre Aufwartung.

Auch in diesem dritten Abschnitt verändert sich hinsichtlich der Routenführung und Wegequalität nichts Wesentliches. Radwege und ruhige Landstraßen charakterisieren weiterhin den Ostseeküsten-Radweg. Nur das Kfz-Verkehrsaufkommen, mit dem Sie nun leider auch ab und zu in Kontakt geraten, erhöht sich in Lübeck-Nähe merklich.

Vom Fehmarnsund nach Dahme *32 km*

1 Vom Ufer unter der Fehmarnsundbrücke führt ein befestigter Weg zur Straße nach **Großenbroderfähre,** dort nach rechts wenden ~ nach rund 800 m weisen die Schilder links in einen Wirtschaftsweg ~ am nächsten Abzweig rechts auf den asphaltierten Wirtschaftsweg ~ immer weiter dem Asphaltband geradeaus folgen ~ **2** an der T-Kreuzung links und kurz darauf wieder rechts Richtung Küste ~ bei den ersten Häusern von Großenbrode fahren Sie rechts ~ auf der Straße **Am Hohen Ufer** in den Ort hinein.

Großenbrode s. S. 66

An der Gabelung rechts weiter auf der Straße **Am Hohen Ufer** ~ hinter den Punkthochhäusern links in die Straße **Vier Jahreszeiten** abbiegen und deren Verlauf folgen ~ hinter der Kurklinik rechts und vorbei am Campingplatz ~ nach der Linkskurve an der T-Kreuzung rechts auf die **Strandstraße** ~ nach 400 m an der Kreuzung links in die **Anklamer Allee** ~ **3** vor der Bahn weiter auf dem unbefestigten Weg ~ beim Chemiewerk geradeaus auf die Straße ~ am Ende der Siedlung auf dem unbefestigten Radweg parallel zu den

Gleisen weiter ~ am Bahnübergang die Gleise queren und auf dem Radweg rechts der Schienen weiter ~ die Schilder weisen nach links ~ rechts befinden sich nun die Häuser von **Lütjenbrode,** hier nach links auf den schmalen Pfad, der etwas später wieder an die Bahngleise heranführt ~ **4** an der Asphaltstraße links über die Gleise und in **Gut Seekamp** der Hauptstraße nach rechts folgen ~ in **Sütel** an der Querstraße rechts ~ leicht hügelig und kurvig durch die Felder ~ an der T-Kreuzung in **Löhrstorf** links und dem Verlauf der Straße über die **B 501** hinüber nach Neukirchen folgen.

Neukirchen (Ostholstein)

- **Tourismus-Service Heiligenhafen**, Bergstr. 43, Heiligenhafen, ✆ 04362/90720, @ qhn111
- **St. Antonius und Pastorat.** Die gotische Wandbemalung aus rot-weißen und rot-schwarzen Lilien, Blättern und Würfelbändern und der Figurenzyklus aus dem 14. Jh. sind in dieser im Mittelalter errichteten Backsteinkirche (13. Jh.) sehenswert.

Auf Höhe der Kirche im Ortskern links ~ **5** erneut die Bundesstraße queren ~ über die Gleise und bei der nächsten Straßengabelung rechts halten ~ am **Gut Satjewitz** vorüber und danach kurvig durch den Wald ~ an der nächsten Straßenkreuzung geradeaus ⁓ über **Michaeldorf** gelangen Sie nach **Kraksdorf** ⁓ es geht geradeaus durch den Ort hindurch ⁓ **6** an der darauffolgenden T-Kreuzung nach links und der Straße durch Siggen nach Süssau folgen.

Siggen (Heringsdorf (Ostholstein))

Gut Siggen. Herrnhaus aus dem 17. Jh. Heute befindet sich darin ein Seminarzentrum. @ llj335

Süssau (Heringsdorf (Ostholstein))

Vorwahl: 04365

Fremdenverkehrsverein Heringsdorf (Ostholstein), Strandstr. 26, ✆ 250, @ dxv222

VARIANTE Am Ortseingang von Süssau weist ein Radwegeschild nach links in Richtung Zeltplatz. Auf dieser in der Karte als Alternative verzeichneten Route gelangen Sie auf kürzestem Weg wieder an die Ostseeküste und folgen dann dem Uferweg. Die Hauptroute verläuft geradeaus auf einer etwas schöneren Strecke durch Süssau und Rosenfelde.

7 Auf der Hauptroute am Abzweig zum Zeltplatz geradeaus ⁓ auf der **Alten Landstraße** fahren Sie durch Süssau und verlassen den Ort ⁓ an der Kreuzung hinter Süssau nach links ⁓ über **Rosenfelde** fahren Sie wieder

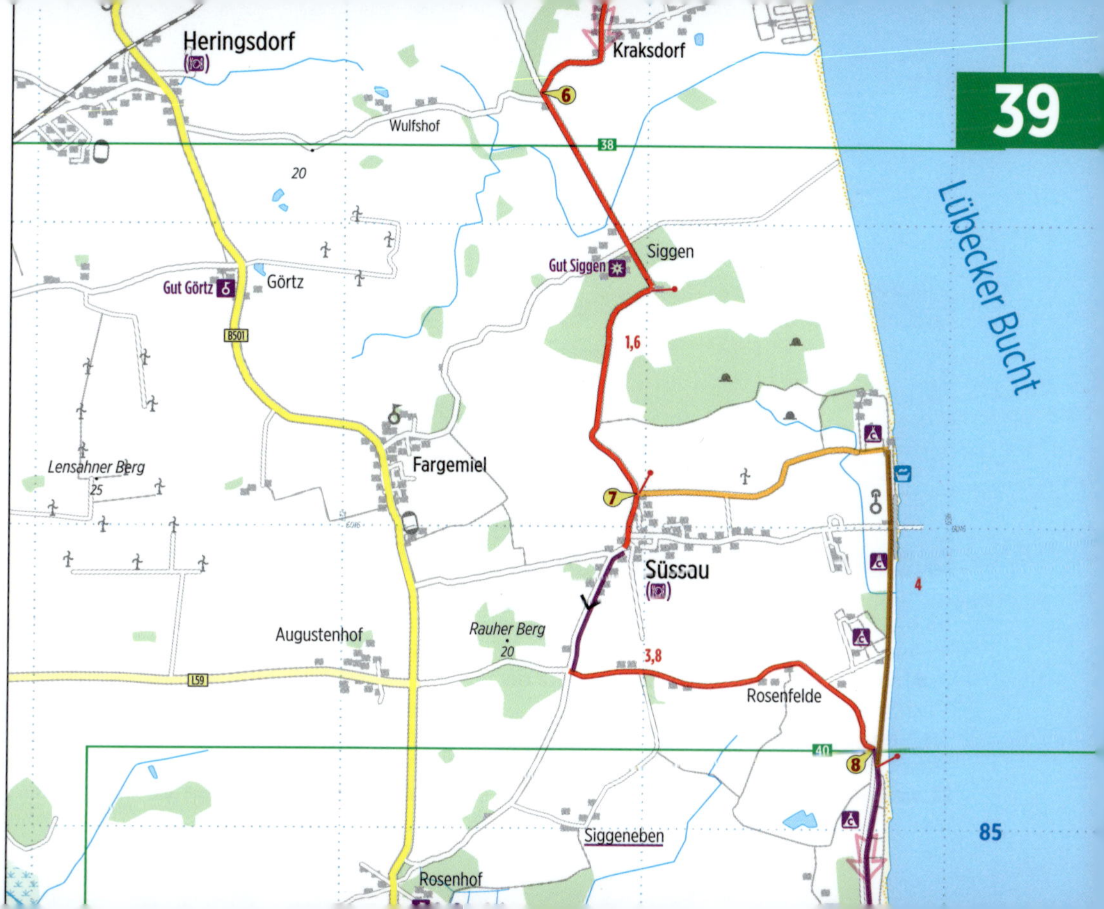

Ostseebad Dahme

Richtung Küste 8 vor der Küste rechts und für rund 3,5 km auf dem Deich bis nach Dahme bleiben im Ort vom Deich auf die Straße 9 an der Gabelung rechts halten auf der Vorfahrtsstraße in den Ort.

Dahme (Holstein)

Vorwahl: 04364

Kurbetrieb, Seestr. 50, ✆ 49200, @ jir574

St. Stephanus, An der Allee. Besonders sehenswert sind die vom Glasmaler Theo M. Landemann geschaffenen Glasfenster, die das Wirken von Jesus Christus auf dem See Genezareth darstellen.

Seebrücke Dahme, Nystedpl. Die Konstruktion wurde 1979 feierlich eingeweiht und zur Promenade freigegeben.

Kurpark. Der Park umfasst ein 22.000 m² großes Areal.

StrandSPA, An der Strandpromenade 38, ✆ 470990, @ ocn528

Von Dahme nach Neustadt in Holstein 34 km

Am Ende der Straße **Lange Wiese** scharf links in die **Saarstraße** abbiegen vor dem Deich rechts ab in die Straße **Am Deich** nach 400 m der Straße im Rechtsbogen folgen an der Kreuzung links in die **Seestraße** an der Gabelung links in Richtung Jugendherberge am Deich der Straße folgen, an der **Jugendherberge** vorbei.

Dahmeshöved (Dahme (Holstein))

Vorwahl: 04364

Leuchtturm Dahmeshöved bei Dahme

Leuchtturm Dahmeshöved, ✆ 49200, Besichtigung unter fachkundiger Führung April-Okt., tägl. 15, 15.30, 16 und 16.30 Uhr. Der 1878/79 auf einer Geländeerhöhung errichtete Leuchtturm dient vor allem der Schifffahrt in der Mecklenburger Bucht. Zu DDR-Zeiten wurde der Leuchtturm auch „Licht der Freiheit" genannt, da er von denjenigen, die über die Ostsee fliehen wollten, als Orientierungspunkt genutzt werden konnte. @ xbk371

Im Ort zweigen Sie nach dem **Leuchtturm** rechts ab ~ kurz darauf wieder links auf den unbefestigten Weg am Restaurant vorbei zum Strand ~ **10** an der Küste rechts auf den Deichweg ~ das nächste Ziel ist Kellenhusen ~ gleich zu Ortsbeginn kurz nach rechts, gleich darauf an der asphaltierten Straße nach links.

Kellenhusen (Ostsee)

Vorwahl: 04364

- **Tourismus-Service Ostseebad Kellenhusen**, Waldstr. 1, ✆ 49750, @ dlc674
- **Seebrücke Kellenhusen**, Strandprom. Die 300 m lange, modern gestaltete Seebrücke verfügt unterwegs über drei Themeninseln zum Sonnenbaden, Meeresbaden oder Ausschau halten. @ rax732
- **Kellenhusener Staatsforst**. Im Staatsforst kann die 1.000-jährige Kroneiche bewundert werden, die über einen Stammumfang

Seebrücke in Kellenhusen

von 9 m verfügt. Im Wildgehege ist Schwarz- und Sikawild untergebracht.

Meerwasser-Hallen-Freibad, Strandprom. 15, im Kurzentrum, ✆ 497517, @ yrv785

An der Kreuzung mit der Seestraße geradeaus auf den unbefestigten Deichweg und auf diesem aus der Ortschaft hinaus ⇝ 11 wenn beim Campingplatz eine asphaltierte Straße den Deich quert, folgen Sie dieser auf die innere Deichseite ⇝ es geht nun auf dieser Straße entlang der Campingplätze am Lensterstrand vorbei.

Lensterstrand (Grömitz)

Vorwahl: 04562

Ostsee-Kletterpark Kraxelmaxel, Blankwasserweg 120, ✆ 2662940, @ ijc371

Sie fahren auf dem **Blankwasserweg** nach Grömitz hinein, dann auf der **Schützenstraße** weiter ⇝ 12 am Kreisverkehr geradeaus weiter in die **Theodor-Klinkforth-Straße**, wenn Sie hier links in die **Wicheldorfstraße** abbiegen, gelangen Sie ins Zentrum von Grömitz.

Grömitz

Vorwahl: 04562

Tourismus-Service Grömitz, Kurpromenade 56, ✆ 2560, @ afo525

Schiffsausflüge, ab Seebrücke, ✆ 2560, ✆ 0171/7784220, @ dyo412

St. Nicolai, Kirchenstr. 10 In der dreiteiligen Kirche aus dem 13. Jh. sind mittelalterliche Wandmalereien, ein Barockaltar, eine Taufkrone und eine Rokokokanzel zu sehen.

Seebrücke. Die Landungsbrücke reicht 398 m in die Ostsee hinein.

Tauchgondel, Kurpromenade 0, ✆ 225130 Mit der am Ende der Seebrücke befestigten Tauchgondel können bis zu 30 Personen gleichzeitig die Unterwasserwelt erkunden. @ hxv673

Zoo Arche Noah, Mühlenstr. 32, ✆ 5660, @ wjs262

Grömitzer Strand

Grömitzer Welle, Kurpromenade 58, ✆ 256247. Erlebnisbad mit Meerwasserbrandungsbecken und Saunalandschaft. @ ocm245

Auf der Theodor-Klinkforth-Straße einen weiteren Kreisverkehr passieren ⇝ weiter geradeaus am Markt vorbei, dann auf der **Neustädter Straße** ⇝ am **Brenkenhagener Weg** nach rechts abbiegen ⇝ an der T-Kreuzung links ⇝ kurz darauf an der K 46 rechts auf den straßenbegleitenden Radweg ⇝ parallel der Straße in Richtung Brenkenhagen ⇝ an der T-Kreuzung am Ende vom Radweg nach links und die Straße unterqueren, kurz danach rechts in den Ort ⇝ an der nächsten Kreuzung links halten ⇝ geradeaus weiter auf der **Grömitzer Straße**.

Brenkenhagen (Grömitz)

An dem kleinen Platz links in die Straße **Schmiedeberg** fahren ⇝ leicht links versetzt auf die Straße **Tannenhof** und den Ort

41
B501
40
42
Guttau
Grubenhagen
Dahmeshöved
Leuchtturm Dahmeshöved
Staatsforst Eutin
5,5
10
Grönwohlshorst
Cismarfelde
Gutshausvilla
Cismar
Klostersee
1.000-jährige Kroneiche
Mühlenteich
Haus der Natur
Kloster Cismar
Kellenhusen
(Ostsee)
Moorhof
6,5
11
Lenste

Grömitz, Seebrücke

verlassen ⤳ der Straße durch die Felder in Richtung Bliesdorf folgen ⤳ an der B 501 an der Fußgängerampel die Straße überqueren.

Bliesdorf (Schashagen)

13 Kurz darauf links in die **Brodauer Straße** ⤳ im Linksknick der Straße halbrechts Richtung Brodau.

Brodau (Schashagen)

Gut Brodau. Die von einem Wassergraben umgebene Anlage aus dem 16. Jh. besteht aus Herrenhaus und Wirtschaftsgebäuden in Fachwerkbauweise sowie einem Torhaus. Das Gut befindet sich in Privatbesitz und kann nicht besichtigt werden.

14 Im Ort noch vor der Brücke zum Gutshof links Richtung Rettin fahren, die Landschaft wird hier recht hügelig und es geht in leichtem Auf und Ab nach Rettin ⤳ im Ort links abbiegen und zum Campingplatz.

Rettin (Neustadt in Holstein)

Rechts auf dem Radweg an der Küste nach Pelzerhaken ⤳ am Parkplatz geradeaus vorbei ⤳ **15** nach 150 m rechts, den Radweg geradeaus ignorieren ⤳ Sie stoßen auf eine größere Straße und fahren geradeaus durch Pelzerhaken.

Pelzerhaken (Neustadt in Holstein)

Tourist-Information Neustadt/Pelzerhaken/Rettin, Dünenweg 1G, ✆ 04503/7794180, @ urb173

In der Neustädter Bucht lagen im Mai 1945 die Schiffe „Cap Arcona" und „Thielbeck" vor Anker. An Bord befanden sich tausende KZ-Häftlinge, die dort von den Nazis in den letzten Tagen des Zweiten Weltkrieges aus dem Konzentrationslager Neuengamme zusammengepfercht worden waren. Welchem Zweck diese Maßnahme diente, konnte nie abschließend geklärt werden.

Am 3. Mai flogen britische Bomber einen Angriff auf die Neustädter Bucht. Bei dem Bombardement wurden beide Schiffe von Brandbomben getroffen, da sie nicht als Flüchtlingsschiffe gekennzeichnet waren. Die „Thielbeck" sank innerhalb einer Viertelstunde, die „Cap Arkona" brannte vollständig aus, sank jedoch nicht, da sie sich in seichterem Gewässer befand. Nur etwa 500 Menschen überlebten das Inferno. Den Opfern zum Gedenken wurde ein Ehrenmal am Strand von Pelzerhaken errichtet.

42
Nienhagen
Sandberg
Brunsteen
Suxdorf
Bentfeld
Brenkenhagen
0,2
2,6
Lenste
Lensterstrand
Ostsee Kletterpark
Ostsee
Zoo Arche Noah
2,2
B501
41
1
St. Nicolai
12
Grömitz
Körnickerfelde
Gut Körnick
Seebrücke
Tauchgondel
Königsredder
3,2
Albersdorf
43
13
Bliesdorf
Scharberg
45
2,4
Rundhöckerlandschaft
Bliesdorf-Strand
10
11

Mitten im Ort beginnt auf der linken Seite ein Radweg, der bis nach Neustadt hineinführt, diesem folgen Sie entlang der **Pelzerhagener Straße** ~ **16** am Ortsbeginn nach dem großen Parkplatz links in die Straße **Am Kiebitzberg** und um das Krankenhaus herum ~ am Ufer rechts auf den unbefestigten Radweg und geradeaus bis zur Brücke ~ dem Rechtsbogen folgen ~ links am Parkplatz vorbei und parallel zum Hafen weiterradeln ~ **17** rechter Hand befindet sich ein Segelverein ~ weiter auf dem Uferweg ~ an der Vorfahrtsstraße links auf den Radweg ~ an der Brücke führt die Route nach links, das Stadtzentrum finden Sie rechts.

Grömitz, Yachthafen

Neustadt in Holstein

Vorwahl: 04561

Tourist-Information Neustadt Hafen, Schiffbrücke 2-4, ✆ 04503/7794290, @ ocr321

Schifffahrt Böttcher, Anleger Schiffbrücke, ✆ 04503/707050, ✆ 0171/7784220. Fahrten zu unterschiedlichen Zielen in der Ostsee. @ cxr418

Museum zeiTTor, Haakengraben 2-6, ✆ 619305, ✆ 619307 Mitmach-Museum zu den Themen Vor- und Frühgeschichte Ostholsteins und Stadtgeschichte. @ dih418

Museum Cap-Arcona, Am Markt 1, ✆ 619341 Dokumentation des dramatischen Untergangs der Cap-Arcona im Zweiten Weltkrieg. @ gfv482

Stadtkirche, Kirchenstr. 8. Die dreischiffige Basilika stammt aus dem Jahr 1244, in dem Neustadt das Stadtrecht verliehen bekam. Zu sehen sind in der bemerkenswerten Backsteinkirche Fresken aus dem Jahr 1350, die 1957 freigelegt wurden, und ein wunderschöner barocker Schnitzaltar aus dem 17. Jh.

Historische Innenstadt. Zahlreiche sehenswerte Bauwerke, wie der Fürstliche Hof (Kremper Straße/Grabenstraße), das Kalandshaus (Brückstraße), das Lienau-Stift (Kremper Straße) und das Rathaus sind in der Altstadt zu sehen.

Kremper Tor, Kremper Str. Die Fundamente des nördlichen Stadttores stammen aus dem Jahr 1244, der Zeit der Stadtgründung.

Brückengeldeinnehmerhaus, im Hafen von Neustadt. Hier musste noch bis 1930 Brückenzoll für Mensch, Vieh und Fahrzeug entrichtet werden.

Hospital zum Heiligen Geist, Vor dem Brücktor 3. Im Jahr 1344 zur Aufnahme kranker Pilger von der Stadt gegründet.

Pagodenspeicher, Untere Querstr. 3. Ein 1830 erbauter Getreidespeicher mit Trockenluken.

Ehrenfriedhof Cap Arcona. Auf dem 1948 angelegten Friedhof sind die 621 Opfer der am 3. Mai 1945 versenkten Schiffe Cap Arcona und Thielbek bestattet.

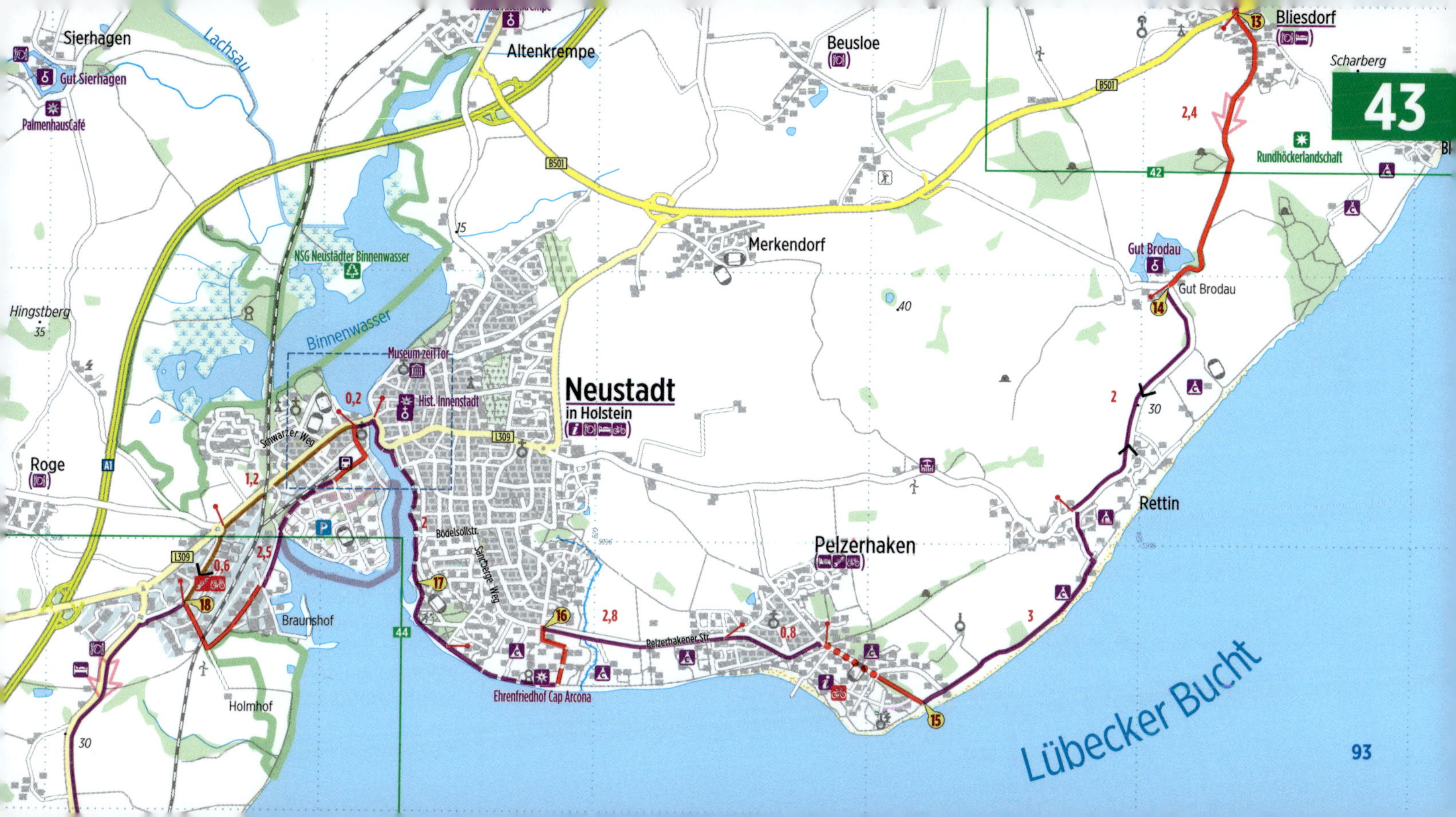
Sierhagen
Gut Sierhagen
PalmenhausCafé
Lachsau
Altenkrempe
Beusloe
Bliesdorf
Scharberg
43
B501
2,4
Rundhöckerlandschaft
42
Merkendorf
NSG Neustädter Binnenwasser
Binnenwasser
Gut Brodau
Hingstberg
35
40
Museum zeiTTor
Hist. Innenstadt
0,2
Neustadt
in Holstein
Schwarzer Weg
L309
2
30
Roge
A1
1,2
Rettin
Bödelsollstr.
Sandberge-Weg
Pelzerhaken
0,6
2,5
17
18
Braunshof
16
2,8
Pelzerhakener Str.
0,8
3
44
Holmhof
Ehrenfriedhof Cap Arcona
15
Lübecker Bucht
13
14

Hafen in Neustadt

Naturschutzgebiet Neustädter Binnenwasser. Die seit 1986 als Naturschutzgebiet ausgewiesene Region rund um das Binnenwasser beherbergt neben seltenen Salzwiesen auch Brut- und Lebensräume für zahlreiche Vögel, wie Möwen, Enten, Graureiher, Seeadler und Kiebitze.

Das schöne Hafenstädtchen Neustadt in Holstein ist nicht nur für seinen natürlichen Hafen mitsamt den nostalgisch anmutenden Schiffen bekannt, sondern zählt auch aufgrund der hübschen Fußgängerzonen und den verwinkelten Kopfsteingassen zu den beliebten Ausflugsstädten Holsteins. Historische Backsteinbauten

in und um Neustadt, große Getreidespeicher und Kaufmannshäuser zeugen bis heute von dem einstigen Reichtum der Stadt.
Dieser begann 1244 mit der Verleihung der Stadtrechte, wodurch sich Handel und Schifffahrt bestens entwickeln konnten. Neustadt diente während der Hansezeit nicht nur als wichtiger Speicherplatz für viele Getreidearten, sondern handelte mit landwirtschaftlichen Waren, die im Umland der Stadt produziert wurden – hierbei sind vor allem die gesalzenen Heringe in Fässern hervorzuheben.
Heute leben rund 15.000 Einwohner in Neustadt, die echte Küstenwache hat hier einen wichtigen Stützpunkt – und für die bekannte Fernsehserie „Küstenwache" war das hübsche Städtchen Filmkulisse.

Von Neustadt in Holstein nach Travemünde — *26 km*

Nach der Überquerung des Hafens hinter dem Hospital zum Heiligen Geist links in die **Bahnhofstraße**.

VARIANTE: Wenn Sie auf dem Radweg links entlang der Lienaustraße bleiben, können Sie bis Wegpunkt 18 ein wenig abkürzen.

Timmendorfer Strand, Seebrücke

Auf der Hauptroute biegen Sie hinter dem Bahnhof rechts ab in die **Wieksbergstraße** ⤳ geradeaus auf den Weg zwischen Gleisen und Marinestützpunkt ⤳ an der Vorfahrtsstraße links und am Yachthafen vorbei ⤳ dem Straßenverlauf über die Gleise folgen ⤳ **18** an der T-Kreuzung links ⤳ am Kreisverkehr dem Radweg entlang der **Pohnsdorfer Straße** linksherum folgen ⤳ **19** von der **K 45** links nach Sierksdorf hineinfahren und dem Straßenverlauf zur Küste folgen.

Sierksdorf

Vorwahl: 04563

- **Tourist-Information**, Vogelsang 1, ✆ 04503/7794170, @ vib558
- **Erstes deutsches Bananenmuseum**, Prof.-Haas-Str. 59, ✆ 8335. Privatsammlung von Herrn Stelli Banana rund um die Banane. Nach einem Brand Ende 2018 wird versucht, das Museum mit Spenden wieder aufzubauen. @ aaq781
- **Hansa-Park**, Am Fahrenkrog 1, ✆ 4740, April-Okt. Weitläufiger Freizeitpark mit mehr als 100 Attraktionen. @ dkl757
- **Panoramic-Schwimmbad**, Am Pfingstberg 2-6, ✆ 71217, @ ruf127

Auf dem Radweg zwischen Straße und Küste weiter nach Haffkrug.

Haffkrug (Scharbeutz)

- **Info-Point**, Bahnhofstr. 4, ✆ 04503/7794160, @ bkp756

20 In Haffkrug die **Seebrücke** passieren, dann dem Promenadenradweg entlang der **Strandallee** weiter bis nach Scharbeutz folgen.

Scharbeutz

Vorwahl: 04503

- **Tourist-Information**, Strandallee 134, ✆ 7794160, @ vfq152
- **Alte Seebrücke.** An der alten Seebrücke legen Ausflugsdampfer an.
- **Ostsee-Therme**, Strandallee 143, ✆ 35260, @ sen662

Weiter auf dem Radweg entlang der Küste durch Scharbeutz ⤳ durch die Fußgängerzone hindurch, dann geht es wieder auf dem Radweg weiter ⤳ **21** bei der **Ostsee-Therme** biegen Sie links ab auf die **Strandallee**.

VARIANTE Außerhalb der Saison können Sie bis Niendorf immer wieder auf den ufernahen Weg wechseln. Bitte nehmen Sie dabei Rücksicht auf Spaziergänger. In den Sommermonaten sollte der Weg den Badeurlaubern vorbehalten sein.

Immer geradeaus ⤳ beim Hochhaus des Seehotels dem sanften S-Bogen folgen ⤳ **22** beim Kreisverkehr die zweite Ausfahrt in die **Poststraße** nehmen.

Timmendorfer Strand

Vorwahl: 04503

- **Tourist-Information**, Timmendorfer Pl. 10, ✆ 35770, @ qxe877
- **Schiffs- und Ausflugsfahrten.** MS Dana unter ✆ 0175/4111785, Hanseat II unter ✆ 0170/7747237, Seelöwe unter ✆ 0171/7784220, @ prt634
- **Sea Life**, Kurprom. 5, ✆ 35880 7d Nord- und Ostsee zum Greifen nahe. Vergrößerungsfenster, Panoramakuppeln und ein Unterwassertunnel geben dem Besucher in über 30 Aquarien die Chance, in die naturgetreue Unterwasserwelt einzutauchen. @ tis721
- **Seebrücke.** Die Seebrücke wird aufgrund von statischen Mängeln abgerissen und durch eine neue Brücke ersetzt. Die Bauarbeiten

Ostsee
46
Kattenhöhlen
Ostsee-Therme
Staatsforst Eutin
Seebrücke
Timmendorfer Strand
Kurpark
Seebrücke
Niendorf
Seebrücke
Brodten
Brodtener Ufer
Groß Timmendorf
Vogelpark
Hermann-Löns-Aussichtsturm
NSG Aalbeek-Niederung
Niendorfer Str.
Häven
Hemmelsdorf
Warnsdorf
Landsitz Lindenhof
Karls Erlebnisdorf
Teutendorf
Godewindpark
Travemünde
Kaiserallee
Bf Strand
Bf Hafen
Fähre saisonal Mai-Okt.
Viermastbark "Passat"
Wilmsdorf
persdorf
B76
B75
L181
45
47
97
1,6
0,2
2,2
2,6
1,8
1
3,8
1,4
1,2
20
10
21
22
23
24
25

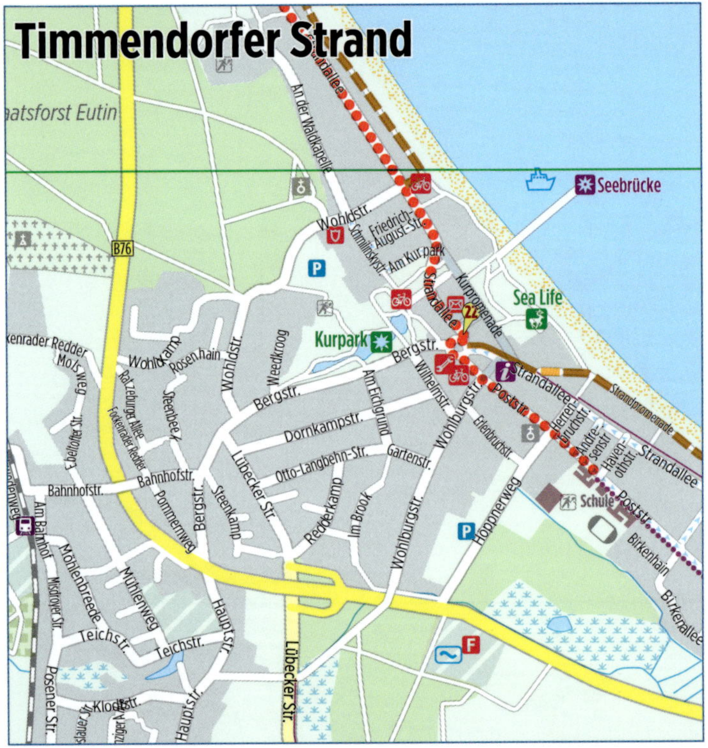

Viermastbark Passat vor Travemünde

für die neue Seebrücke starten voraussichtlich im September 2021 und sollen im August 2022 abgeschlossen sein.

Alter und Neuer Kurpark, Kurparkstr. Die großen, alten Baumbestände des alten Kurpark spenden im Sommer angenehme Schatten und man genießt den Blick auf romantische Bogenbrücken. Zwischen Ostseestrand und Kurpromenade befindet sich der neue Kurpark, der mit vielen Beeten beeindruckt und mit seinem Seepferdchenbrunnen Klein und Groß erfreut.

Der Poststraße geradeaus weiter folgen ~ am Ende der Straße nach rechts in die **Strandstraße** abbiegen ~ **23** hinter dem Hafen links in die Straße **Grüner Weg** ~ am Strand nach rechts weiter ~ bei der Seebrücke wieder zurück zur **Strandstraße**.

Niendorf (Timmendorfer Strand)

Vorwahl: 04503

Tourist-Information, Strandstr. 121a, ✆ 357760, @ bqk346

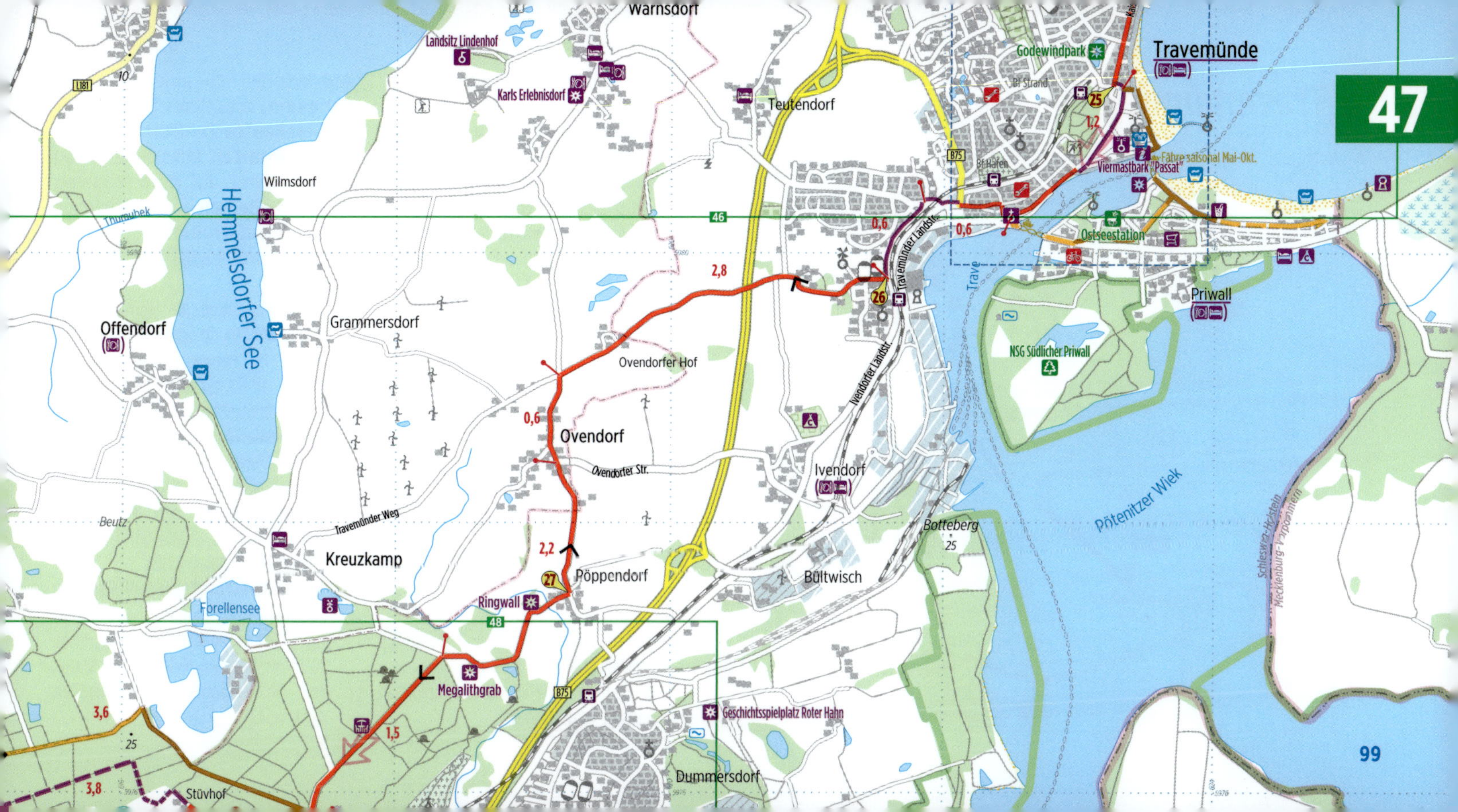
Warnsdorf
Landsitz Lindenhof
Karls Erlebnisdorf
Teutendorf
Godewindpark
Travemünde
47
Bf Strand
25
1,2
B75
Bf Hafen
Viermastbark "Passat"
Fähre saisonal Mai-Okt.
Wilmsdorf
Hemmelsdorfer See
L181
10
46
0,6
0,6
Ostseestation
Travemünder Landstr.
Trave
2,8
26
Priwall
Offendorf
Grammersdorf
NSG Südlicher Priwall
Ovendorfer Hof
Ivendorfer Landstr.
0,6
Ovendorf
Ovendorfer Str.
Ivendorf
Pötenitzer Wiek
Beutz
Travemünder Weg
Botteberg
25
2,2
Kreuzkamp
Pöppendorf
27
Bültwisch
Ringwall
Forellensee
48
Schleswig-Holstein
Mecklenburg-Vorpommern
Megalithgrab
B75
Geschichtsspielplatz Roter Hahn
3,6
25
1,5
3,8
Stüvhof
Dummersdorf
99

Hermann-Löns-Aussichtsturm, im NSG Hemmelsdorfer See 24, @ ini153

Seebrücke, zwischen den Strandabschnitten 9 und 11

Vogelpark Niendorf, An der Aalbeek, ✆ 4740 7d Der Vogelpark besitzt den größten Eulengarten Europas. @ dlr281

NSG Aalbeek-Niederung. Das Gebiet wurde im Jahre 2000 zum europäischen Vogelschutzgebiet ernannt.

Meerwasser-Schwimmbad, Strandstr. 133, ✆ 5456, @ ecw524

Weiter geradeaus nun auf der **Travemünder Landstraße** ~ **24** hinter der Ferienhaussiedlung nach links in die **Steiluferallee** abbiegen ~ nach einer Link-rechts-Kombination gelangen Sie zum Strand ~ hier erst einem Bretterweg, dann einem Schotterweg folgen ~ weiter entlang des **Brodtener Steilufers** ~ auf dem unbefestigten Weg an der Küste bis nach Travemünde.

Brodten (Lübeck)

Brodtener Ufer. Von der Steilküste und von der Hermannshöhe hat man einen herrlichen Ausblick auf die Ostsee.

Auf Asphalt zu einer Straßengabelung, hier links ~ auf der **Kaiserallee** ins Zentrum ~ **25** vor dem **Kurgarten** links und gleich rechts weiter auf dem Radweg an der **Außenallee** ~ geradeaus auf die **Vorderreihe**.

Travemünde (Lübeck)

Vorwahl: 04502

Tourist-Information, Am Leuchtenfeld 10a, ✆ 0451/8899700, @ sxl653

Hanse + Hermes, Vorderreihe 64a, ✆ 0163/5475773, Fährzeiten: tägl. 11 Uhr und 15 Uhr ab Lübeck, 13 Uhr und 17 Uhr ab Travemünde. Fährverbindung zwischen Lübeck und Travemünde. @ aor355

Internationale Fährverkehrsverbindungen. Schweden, Litauen (TT-Line) ✆ 0180/6666600; Finnland (Finnlines) ✆ 0451/1507443; Lettland (Stena Line) ✆ 0180/6020100.

Norderfähre (Fußgänger/Fahrräder), Am Leuchtenfeld 12, Abfahrt von der Nordermole, Fährzeiten: Mitte Mai-Okt., mind. 10-18 Uhr, Mitte Jan.-Feb., Sa, So 12-18 Uhr, nur für Personen und Fahrräder, @ kcw642

Priwall-Fähre (Autos), An der Vorderreihe, ganzjährig für Personen und Fahrzeuge (auch Fahrräder) 5-22.45 Uhr alle 10-15 Min, nachts alle 15-60 Min. @ mee162

Seebadmuseum Travemünde, Torstr. 1, ☎ 9998094 Geschichte Travemündes von 1802 bis heute. Themenbereiche: Bademode, Fischerei, Schifffahrt, Fliegerei u. v. m. @ tlo474

St. Lorenz, Jahrmarktstr. 8, ☎ 88800. In der Kirche (16. Jh.) befindet sich ein Barockaltar des Lübecker Meisters Hieronymus J. Hassenberg.

Alter Leuchtturm, Am Leuchtenfeld 1, ☎ 8891790 Ältester Leuchtturm Deutschlands mit Wurzeln im 16. Jh. @ vqk248

Altstadt. Sehenswert sind die Straßenzüge Vorderreihe, Torstraße, Jahrmarktstraße, Kurgartenstraße und die Kaiserallee.

Altes Vogteigebäude. Sehenswert ist das barocke Sandsteinwappen über der Rokokotür des Backstein-Giebelhauses (um 1600). Im Haus befinden sich ein gemütliches Café, ein Fischrestaurant, eine kleine Weinstube und das Lübecker Teekontor.

Viermastbark Passat, Priwallpromenade 3a, ☎ 0451/1225220. Der Großsegler der Flying-P-Linie wurde 1911 fertiggestellt. 17 Großsegler baute der Reeder Laeisz, vier davon sind erhalten geblieben. Darunter die „Padua", die 1945 in „Krusenstern" umbenannt wurde, die „Pommern" auf den Ålandinseln und die „Peking" ab Sommer 2020 in Hamburg. @ qer464

Ostseestation Travemünde, Priwallprom. 29-31 Umweltzentrum und verschiedene Aquarien mit heimischen Meerestieren. @ xmf252

Naturschutzgebiet Südlicher Priwall. Das rund 149 ha große Naturschutzgebiet wird von Feuchtwäldern, Kleingewässern, Trockenrasen und Resten von Salzwiesen geprägt. Es gibt eine 30 ha große Feuchtwiese, die von Pferden beweidet wird, außerdem ist der südliche Priwall ein wichtiges Rastgebiet für durchziehende Zugvögel und ein Überwinterungsgebiet für Wasservögel.

Brügmanngarten, Am Brügmanngarten. Regelmäßige Veranstaltungen wie u. a. Familienfeste und Konzertreihen.

Godewindpark. Schöne Parkanlage mit Sitzmöglichkeiten.

Kurpark Kalvarienberg

Seebad, Am Leuchtenfeld 7, ☎ 88642702 Öffentliches Hallenbad mit großem Wellness- und Spa-Bereich. Mit Außenpool und Saunalandschaft. @ nnn533

Ein Wahrzeichen der ganz besonderen Art ist die Viermastbark Passat, einer von 17 in der Reederei Laiesz erbauten Großseglern, die auch als Flying-P-Liner bezeichnet wurden. Seit Mitte des 19. bis ins 20. Jahrhundert liefen dort insgesamt 65 Schiffe vom Stapel. Ausnahmslos alle Schiffe wurden auf mit dem Buchstaben P beginnende Namen getauft. Diese Tradition geht auf das erste fertiggestellte Schiff zurück, das Laiesz 1856 auf den Namen Pudel taufte, eine Referenz an seine Angetraute, die diesen als Kosenamen trug.

Die Passat nahm 1911 ihren Dienst als Frachtsegler auf. Ihre erste Ladung bestand aus Salpeter, der nach Chile verfrachtet werden musste. Der Konkurrenzkampf unter den Reedereien war hart und Schnelligkeit wurde auch damals schon groß geschrieben, kurze Transportzeiten erzielten ansehnliche Prämien. Für Weizen, der auf dem Weg um Kap Hoorn von Australien nach Europa gelangte, erzielte der Reeder den besten Preis, der ihn zuerst auf den Auktionen anbieten konnte. So kam es zu regelrechten Wettfahrten, den sogenannten

Kapitänshäuser in Travemünde

Weizen-Regatten. Bei der letzten trat 1949 die Passat gegen die Pamir an.

TIPP Von Travemünde können Sie auf dem zweiten Teil des Ostseeküsten-Radweges weiter bis nach Usedom radeln. Außerdem beginnt hier auch der Radweg entlang der ehemaligen deutsch-deutschen Grenze. Die im folgenden beschriebene Hauptroute nach Lübeck folgt dem Radweg Alte Salzstraße.

UMSTEIGEN Sie haben auch die Möglichkeit, statt mit dem Fahrrad mit dem Zug bzw. mit dem Schiff nach Lübeck zu fahren.

Von Travemünde nach Lübeck *24 km*

Auf der Straße **Vorderreihe** weiter geradeaus ~ am Fährhafen rechts in die **St.-Lorenz-Straße** ~ links in die **Kirchenstraße** ~ nach rechts in den **Teutendorfer Weg** und über die Gleise ~ gleich danach links in die **Ivendorfer Landstraße** ~ **26** am Ende des langen Linksbogens rechts abbiegen in den **Rönnauer Weg** und vorbei an Sportplätzen ~ in einigen Kurven durch **Rönnau**, dann bald die B 75 überqueren ~ vorbei an **Ovendorferhof** ~ an der folgenden Kreuzung links nach **Ovendorf** ~ geradeaus durch das Dorf, danach in Kurven weiter nach Pöppendorf.

Pöppendorf (Lübeck)

Megalithgrab, Am Ringwall. Jungsteinzeitliches Ganggrab.

Pöppendorfer Ringwall, Ringwall. Burgwall aus dem 8. Jh.

27 An der Straße **Am Ringwall** nach rechts ~ auf der schmalen Straße leicht hügelig durch den Wald ~ geradeaus über die Kreuzung.

VARIANTE Wenn Sie das kommende unbefestigte Wegstück im Wald auf Asphalt umfahren wollen, biegen Sie hier rechts ab und folgen der unkommentierten Route (s. Karte 48).

28 Noch vor dem Bahnübergang scharf rechts ~ Sie radeln oberhalb des **Waldhusener Moorsees** entlang ~ vorbei am Gehöft **Stüvhof** ~ danach wenden Sie sich nach links und bald darauf wieder nach rechts ~ an der T-Kreuzung im Wald links ~ dem Weg geradeaus durch das lichte Waldgebiet folgen ~ am Hof **Dänischburg** vorbei ~ nach dem See **Oberster Teich** an der T-Kreuzung links ~ unter der A 226 hindurch, dann an der Vorfahrtsstraße nach rechts ~ **29** vor dem Shoppingcenter links ab auf die Straße **Schäferkamp** ~ gleich nach dem Bahnübergang rechts auf den Radweg entlang der Gleise ~ über die Schwartau, die wenig später in die Trave mündet, hinüber.

Bad Schwartau

Vorwahl: 0451

Tourist-Information, Markt 15, ✆ 20002334, @ vsf644

Ehrenmal Riesebusch. Das 1918 von Henry Maasz entworfene Denkmal steht im Ehrenhain am Rande des Waldgebiets Riesebusch.

Kurpark, Am Kurpark. Mit Rundweg um den Kurparksee und Weg am Ufer der Schwartau.

Holstein Therme, Am Kurpark 3, ✆ 2004-148, @ ykn115

Vorbei am **Klärwerk** ~ an der T-Kreuzung bei der Bahnunterführung links ab und dem Rechtsbogen der **Posener Straße** durch das Gewerbegebiet folgen ~ **30** an der Dreieckskreuzung mit der **Josephinenstraße** nach links und auf der Brücke über die Gleise ~ an der T-Kreuzung rechts auf die **Einsiedelstraße** ~ die Straße führt wenig später erneut über die Schienen, gleich danach links in die **Katharinenstraße** ~ an der nächsten Brücke links über den einen Schienenstrang, gleich dahinter nach rechts ~ nach wenigen Metern scharf links, dann rechts über die Trave ~ gleich nach der Brücke rechts ~ über die Schienen zur **Willy-Brandt-Allee** und geradeaus ~ am **Holstentorplatz** rechts über die **Puppenbrücke**.

48
Bad Schwartau
Ehrenmal Riesebusch
Angelsee
Sereetz
Kurpark
Holstein-Therme
Megalithgrab
Stüvhof
Oberster Teich
Aubenfeld
Waldhusener Moorsee
Dänischburg
Siems
Kücknitz
Cleverbruck
Alt Lübeck
Trave
NSG Schellbruch
Gothmund
Israelsdorf
Tilgenkrug
Industriemuseum Geschichtswerkstatt Herrenwyk
Tremser Teich
Burgtorhafen
Travemünder Landstr.
Karlshof
Vorwerk
Breitling
Schlutup
Blocksberg
Lauer Holz
Grenzdokumentations-Stätte
Ehrenfriedhof
Burgtorfriedhof
Stadtpark
Travemünder Allee
Palinger Weg
Schwartau
Medebek
A1
A226
B75
B104
L309
47
49
103

Lübeck, Marktplatz

INS ZENTRUM Ins Zentrum von Lübeck kommen Sie, wenn Sie am Holstentorplatz links abzweigen und am Holstentor vorbei in die Altstadt radeln.

Zum Bahnhof kommen Sie, wenn Sie vom Kreisverkehr am **Lindenplatz** geradeaus auf den Radweg zwischen Fackenburger Allee und Hansestraße fahren.

Lübeck

Vorwahl: 0451

- **Tourist-Information**, Holstentorpl. 1, ✆ 8899700, @ lbg213
- **CitySchifffahrt**, Wallstr. 17, ✆ 3002376. Stadt-, Kanal- und Hafenrundfahrten. @ mit835
- **Hermes**, An der Untertrave 12/13, Hansekai/Hansemuseum, ✆ 0163/5475773. Linienfahrten von Lübeck nach Travemünde. @ kcp252
- **Quandt-Linie**, Willy-Brandt-Allee 13, Schiffsanleger Quandt-Linie, ✆ 77799, @ ntg675
- **Wakenitz-Schifffahrt**, Moltkestr., unterhalb der Moltkebrücke, ✆ 793885, @ dub287
- **Europäisches Hansemuseum**, An der Untertrave 1, ✆ 8090990 (7d) Das Museum erzählt die Geschichte vom Aufstieg und Fall der einstigen Wirtschaftsmacht im Nord- und Ostseeraum. 800 Jahre Hansegeschichte werden, z. T. interaktiv, präsentiert. @ rmb564
- **Museumsquartier St. Annen**, St.-Annen-Str. 15, ✆ 1224137 Das Museumsquartier verbindet Geschichte, Kunst und Gegenwart der Hansestadt. @ dpm758
- **Buddenbrookhaus**, Mengstr. 4, ✆ 1224190 (7d) Das Buddenbrookhaus ist den Gebrüdern Thomas und Heinrich Mann gewidmet und wurde durch den nobelpreisgekrönten Roman „Die Buddenbrooks" von Thomas Mann zu einem literarischen Denkmal. Ab 2020 bis voraussichtlich Herbst 2023 geschlossen (Ausstellung „Buddenbrooks im Behnhaus" in dieser Zeit im Behnhaus/Drägerhaus und „Buddenbrooks am Markt" am Markt 15). @ myl251
- **Günter-Grass-Haus**, Glockengießerstr. 21, ✆ 1224230 (7d) Hier sind Werke des Literaturnobelpreisträgers, Grafikers und Bildhauers Günter Grass zu sehen. @ fnv571
- **Holstentormuseum**, Holstentorpl., ✆ 1224129 (7d) Stadtgeschichtliches Museum. @ dif427
- **Museumshafen**, Wenditzufer/An der Untertrave, entlang der Untertrave, ✆ 4008399 (24) Die Mitglieder des gemeinnützigen Vereins „Museumshafen zu Lübeck e. V." haben einen Großteil ihrer traditionellen Segelschiffe und historischen Wasserfahrzeuge im selbstverwalteten Museumshafen liegen. @ xpw856
- **TheaterFigurenMuseum**, Kolk 14, ✆ 78626. Hier werden Theaterpuppen aus drei Kontinenten ausgestellt, hinzu kommen Requisiten, Plakate und Puppenbühnen. Nebenan befindet sich das Figurentheater mit phantasievollen Inszenierungen von Märchen, Opern, Dramen und Kindergeschichten. Bis voraussichtlich Ende 2021 ist das Museum wegen Renovierung geschlossen. @ eqh587
- **Willy-Brandt-Haus**, Königstr. 21, ✆ 1224250 Ausstellung über das Leben und Vermächtnis des Bundeskanzlers und Friedensnobelpreisträgers Willy Brandt - des wohl bekanntesten Sohns der Hansestadt. @ ltp746
- **Behnhaus Drägerhaus**, Königstr. 9-11, ✆ 1224148 (7d) Bedeutende Ausstellungen von Kunst des 19. und 20. Jhs. werden hier in zwei liebevoll restaurierten Kaufmannshäusern aus dem 18. Jh. gezeigt. @ rbx355
- **Museum für Natur und Umwelt**, Musterbahn 8, ✆ 1224122 Ausstellung zur Naturgeschichte Schleswig-Holsteins und der Tier- und Pflanzenwelt rund um Lübeck. @ tem644
- **Dom**, Mühlendamm 2-6, ✆ 74704 (7d) Heinrich der Löwe beauftragte im Jahr 1173 den Bau des Domes zu Lübeck. Über

70 Jahre später konnte die rote Backsteinkirche, die zwei 115 m hohe Türme besitzt, eingeweiht werden. Wie auch die Marienkirche und die Petrikirche wurde der Dom im Zweiten Weltkrieg stark beschädigt. Mit dem Wiederaufbau begann die Stadt 1960. Sehenswert sind die zahlreichen Kunstschätze. @ ass641

Marienkirche, Schüsselbuden 13, ✆ 397700 Die zwischen 1250 und 1350 errichtete Kirche ist die drittgrößte Kirche Deutschlands. Das Mittelschiff gilt mit seiner Höhe von 40 m als weltweit höchstes Backsteingebäude. 1942 brannte die Kirche bei einem Bombenangriff fast vollständig aus. Dabei wurde auch die Astronomische Uhr aus dem 16. Jh. zerstört. Heute gibt es in der Kirche eine 1955-1967 erbaute Nachbildung. Die 1942 heruntergestürzten Glocken sind als Mahnmal zu besichtigen. @ frn863

Katharinenkirche, Königstr., ✆ 1224137. Die Katharinenkirche wurde zwischen 1300 und 1360 erbaut. Terrakottafiguren des berühmten Künstlers Ernst Barlach schmücken die Westfassade der ehemaligen Kirche, in der heute sakrale Kunstwerke gezeigt werden. @ twh641

St. Aegidien, Aegidienstr. 75, ✆ 705622. Die Aegidienkirche wurde im 14. Jh. im Stil der Backsteingotik erbaut. @ wxg482

St. Jakobi, Jakobikirchhof 3, ✆ 308010. In der „Kirche der Seefahrer" findet sich eine Gedenkstätte zur Erinnerung an alle Opfer auf See sowie eines der Rettungsboote der Pamir. Das Segelschulschiff war 1957 vor den Azoren gesunken, sechs Seeleute überlebten das Unglück. Im Gegensatz zur Marienkirche blieb die Jakobikirche von Zerstörungen im

Zweiten Weltkrieg verschont. So können Altar und Orgel im Originalzustand bewundert werden. @ opq326

St. Petri, Petrikirchhof, ✆ 397730. Die Restaurierungsarbeiten der im Zweiten Weltkrieg stark zerstörten Kirche wurden 1987 beendet. Von der Plattform des Kirchturms genießt man einen herrlichen Blick auf die Altstadt und die Vorstädte. @ fbb657

MUK, Willy-Brandt-Allee 10, ✆ 7904400. In der Musik- und Kongresshalle Lübeck finden diverse Veranstaltungen statt: Kabarett, Musicals, Messen, Konzerte u. v. m. @ ytt767

Historische Altstadt. Lübecks Innenstadt wurde 1987 in ihrer Gesamtheit von der UNESCO zum Weltkulturerbe erklärt.

Holstentor, Holstentorpl. Das Holstentor ist das Wahrzeichen der Stadt. Dereinst Gefechtsstützpunkt, auf dem über 30 Geschütze ihren Platz hatten, begrüßt das Tor ganz dem Sinne der Inschrift „Concordia Domi Foris Pax" („Drinnen Eintracht, draußen Frieden") entsprechend die heutigen Besucher der Stadt.

Rathaus, Breite Str. 62. Die Außenfassade mit den vergoldeten Turmspitzen und den detaillierten Wappendarstellungen ist unverändert. Der überwiegende Teil des Gebäudes (13. Jh.) erfuhr jedoch in den letzten Jahrhunderten erhebliche Veränderungen.

Heiligen-Geist-Hospital, Koberg 11 Errichtet zwischen 1276 und 1286, ist es das älteste erhaltene Hospital Deutschlands. Bis 1970 lebten in dem seit dem Jahr 1517 zu einem Altenheim umfunktionierten Haus alte Menschen in Zimmern, die gerade 4 m² maßen und nicht mehr Platz boten als für Schrank, Tisch, Stuhl und Bett.

Boat Now, An der Obertrave/Ecke Marlesgrube, ✆ 0152/53754042. Führerscheinfreie Elektroboote für 6 Personen. @ edb421

Café Niederegger, Breite Str. 89, ✆ 5301126 Das Café hat das Lübecker Marzipan in aller Munde gebracht, mit Marzipan-Salon. @ lxp467

Puppenbrücke. Sieben verschiedene Sandsteinfiguren zieren die Puppenbrücke aus dem Jahr 1778. Unter ihnen Merkur, der Gott des Handels und Gewerbes - passend zur Geschichte der Stadt. Pikanterweise bietet er seinen splitternackten „Achtersteven" den zu Wasser fahrenden Kaufleuten dar.

Salzspeicher, Wallstr. Die Salzspeicher befinden sich in unmittelbarer Nähe zum Holstentor. Hier wurde das Salz aus der Lüneburger Heide gelagert und später auf dem Seeweg vor allem nach Skandinavien geliefert.

Altstadtbad Krähenteich, An der Mauer 51, ✆ 3970650, @ ebq685

Falkenwiese, Wakenitzufer 1b, ✆ 794315, @ lnm786

Zentralbad, Schmiedestr. 1-3, ✆ 7025821, @ xlc867

Im 11. Jahrhundert wurde von den Wenden die Handwerkersiedlung und der Handelsort „Liubice" gegründet. Dieser Ort an der Mündung der Schwartau in die Trave wurde jedoch 1138 zerstört. Wenige Jahre später plante der Vasall des Sachsenherzogs Heinrich des Löwen, Graf Adolf II., eine Kaufmannssiedlung an der Ostseeküste zu bauen, um sein Land zu besiedeln und um Handel und Schiffsbau zu fördern. Seine Wahl fiel wohlüberlegt auf eine Landzunge am Zusammenfluss von Wakenitz und Trave, die gleichsam einer Insel von beiden Flüssen umgeben war. Das 135 Hektar große Areal lag inmitten von Sümpfen, die die Verteidigung der im Jahre 1143 errichteten Siedlung Lübeck erheblich erleichterten. Zudem war die Ostseeküste 20 Kilometer entfernt, sodass auch keine unliebsamen Überfälle durch Seeräuber zu befürchten waren. Gleichzeitig lag sie nahe an den wichtigsten Handelswegen und besaß über die Trave den Zugang zur Ostsee und damit zum attraktiven Ostseehandel. Lübeck entwickelte sich schnell zu einem florierenden Handelsplatz. 1157 brannte die Siedlung jedoch nieder, und Heinrich der Löwe erzwang die Rechte an der Siedlung von seinem Vasallen. 1159 gründete er Lübeck neu und stattete die Stadt mit Privilegien aus. Sein Ziel war es, den deutschen Kaufleuten mehr Einfluss im Ostseehandel zu verschaffen. Dieses Ziel war jedoch nur über eine Einigung mit den gotländischen Handelsbauern möglich, die den Ostseehandel zu diesem Zeitpunkt beherrschten. Da beide Parteien zerstritten waren, stiftete Heinrich 1161 Frieden zwischen deutschen und gotländischen Händlern. Die deutschen Kaufleute schlossen sich daraufhin in einer Schwurgemeinschaft, der „Genossenschaft der Gotland besuchenden Deutschen", zusammen. Dieser Zusammenschluss gilt als der Beginn der Hanse.

Die deutschen Kaufleute waren sehr erfolgreich und konnten schon ein Jahrhundert später die Gotländer aus dem Ostseehandel verdrängen. Sie gründeten in den wichtigsten Handelsstädten Kontore und handelten

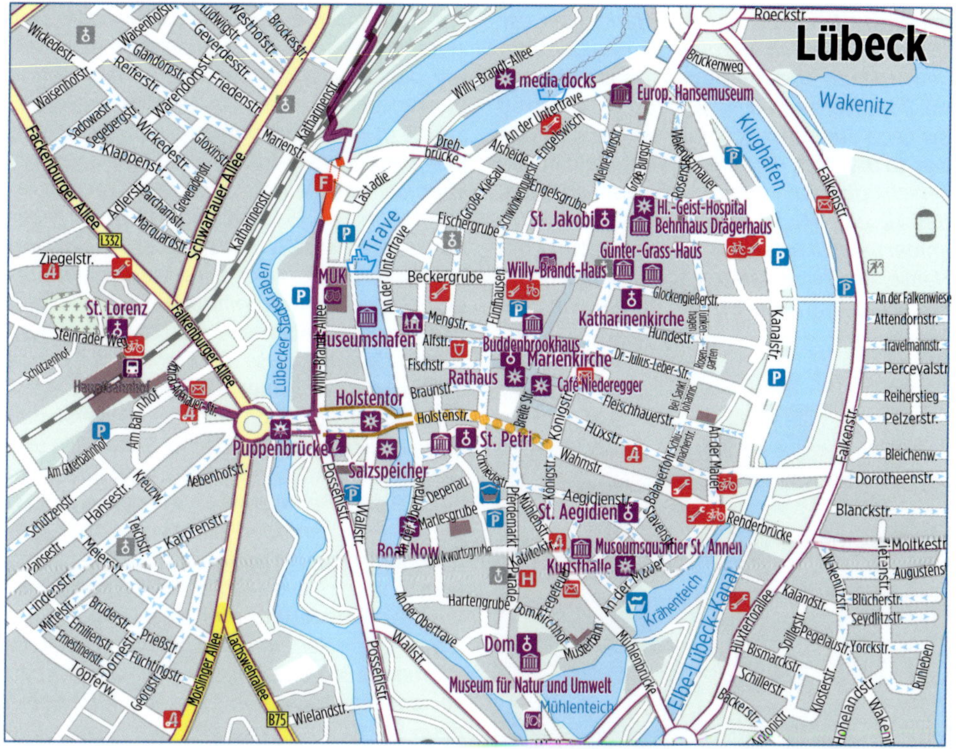

mit allen Waren, die auf den Märkten an der Ostsee angeboten wurden. Mit den berühmt gewordenen Hanse-Koggen transportierten sie ihre Waren von Nowgorod in Russland bis nach Südfrankreich. Ihre Handelsposition war so mächtig, dass sie Sonderrechte in den verschiedensten Ländern erhielten. Im Laufe des 13. und 14. Jahrhunderts schlossen sich immer mehr Städte dem losen Städtebund, der Hanse, an. Regelmäßig fand der sogenannte Hansetag statt, auf dem die Städte sich über das gemeinsame Handeln absprachen. Das erstaunliche an dieser Handelsgemeinschaft war, dass sie über Jahrhunderte ohne bindende Verträge, nur von den Handelsinteressen der Städte geleitet, funktionierte. Lübeck, 1226 in den Stand einer reichsfreien Stadt erhoben, übernahm schnell die führende Stellung im Städtebund. Im 15. Jahrhundert kam es in der Hanse zu ernsthaften Krisen. Der Niedergang der Kontore in der zweiten Hälfte des Jahrhunderts sowie die Reformation und ihre Folgen und das Aufstreben süddeutscher Kaufleute trugen dazu bei, dass der Einfluss der Hanse mehr und mehr schwand. Der Bürgermeister der Hansestadt Jürgen Wullenwever versuchte in einem Krieg gegen Holland, Schweden und Dänemark, die Vormachtstellung Lübecks in der Hanse zu erneuern. Er scheiterte jedoch mit diesem Vorhaben und wurde 1537 hingerichtet. Gegen Ende des 16. Jahrhunderts bemühten sich die Städte der Gemeinschaft um eine Erneuerung und eine Einigung der Hanse. Diese Bemühungen konnten, durch die Wirren des Dreißigjährigen Krieges bedingt, zu keinem Ergebnis geführt werden. 1669 traten neun Städte ein letztes Mal zum Hansetag in Lübeck zusammen. Danach zerfiel die Hanse endgültig. Der Gedanke der Hansetage wurde dann 1980 von der niederländischen Stadt Zwolle wiederbelebt.

Aus der Zeit der Hanse ist der Stadt Lübeck, die auch gerne als die Königin der Hanse bezeichnet wird, ein ganz besonderer Schatz geblieben: die wunderschöne mittelalterliche Altstadt. 1987 wurde sie als Gesamtensemble von der UNESCO in die Liste des „Kultur- und Naturerbes der Welt" aufgenommen. Über 1.000 Gebäude stehen seitdem unter Denkmalschutz. Die Straßenzüge werden geprägt von den wunderschönen alten Bürgerhäusern mit den charakteristischen Stufengiebeln, zahlreichen „Ganghäusern" und den großen Backsteinkirchen.

Salzspeicher in Lübeck

Sie haben nun das Ende Ihrer Radreise erreicht. Wir hoffen, Sie hatten einen erlebnisreichen und interessanten Radurlaub und freuen uns, dass Sie ein ***bikeline***-Radtourenbuch als Begleiter gewählt haben.

Das gesamte ***bikeline***-Team wünscht Ihnen eine gute Heimreise!

Übernachtungs- und Serviceverzeichnis

Übernachtungsadressen

Dieses Verzeichnis beinhaltet folgende Übernachtungskategorien:

Kategorien

- Tourist-Information
- Hotel
- Hotel garni
- Gasthof, Gasthaus
- Pension, Gästehaus
- Privatzimmer
- Hostel
- Motel
- Naturfreundehaus
- Apartmenthotel
- Bed and Breakfast
- Bungalow
- Ferienwohnung (Auswahl)
- Bauernhof
- Heuhotel
- Sonstiges
- Jugendherberge, -gästehaus
- Campingplatz
- Zeltplatz (Naturlagerplatz)

Die Auflistung stellt keine Empfehlung einzelner Betriebe dar und erhebt keinen Anspruch auf Vollständigkeit. Um das Verzeichnis stets aktuell zu halten, sind wir für Mitteilungen bezüglich Änderungen jeder Art dankbar. Der einfache Eintrag erfolgt für die Betriebe natürlich kostenfrei, aus Platzgründen können wir diesen allerdings nicht garantieren. Vor allem in Tourismusgebieten mit großem Übernachtungsangebot muss die Liste aus Platzgründen automatisiert leicht gekürzt werden.

Kennzeichnung

I	Preiskategorie unter € 25,–
II	Preiskategorie € 25,– bis € 35,–
III	Preiskategorie € 35,– bis € 50,–
IV	Preiskategorie € 50,– bis € 70,–
V	Preiskategorie € 70,– bis € 100,–
VI	Preiskategorie über € 100,–
o.F.	kein Frühstück angeboten
HP	mit Halbpension
	nur Zimmer mit Etagenbad
	Bett+Bike Betrieb
2.5	Entfernung vom Weg in Kilometer Luftlinie

Preise

Die Preise gelten als Richtwert pro Person in einem Doppelzimmer mit Dusche oder Bad inkl. Frühstück.

Die angegebenen Preiskategorien entsprechen dem Stand des Erhebungs- bzw. Überarbeitungszeitraumes und können sich von den tatsächlichen Preisen unterscheiden. Besonders während Messezeiten, aufgrund von unterschiedlichen Zimmertypen und nicht zuletzt saisonal bedingt sind preisliche Schwankungen möglich.

Alle mit dem Bett+Bike-Logo gekennzeichneten Betriebe erfüllen die vom ADFC vorgeschriebenen Mindestkriterien als „Fahrradfreundliche Gastbetriebe" und bieten darüber hinaus so manche Annehmlichkeit für Radfahrer. Detaillierte Informationen finden Sie unter ***www.bettundbike.de***.

Radwerkstätten u. -vermietung

- Fahrradwerkstatt
- Fahrradvermietung
- E-Bike Ladestation
- E-Bike Verleih
- abschließbare Abstellanlagen

Entfernung

Die blaue Zahl (2.5) beim Betrieb gibt die Entfernung zur Route in Kilometern an. Bitte beachten Sie, dass sich diese Zahl auf die Luftlinie bezieht, ohne Berücksichtigung der Höhenmeter und der tatsächlichen zurückzulegenden Strecke.

Updates

Aktuelle Korrekturen zum Übernachtungsverzeichnis erhalten Sie über das LiveUpdate auf www.esterbauer.com.

Friesischer Berg (Flensburg)
Vorwahl: 0461
Ho Hostel Flensburg, Zur Exe 23, ✆ 9090833, o.F., II-III 1

Harrislee
Vorwahl: 0461
H Grenzmotel, Am Oxer 19, ✆ 9957566, III-IV 4.5
H Nordkreuz, Süderstr. 12, ✆ 77400, III 2
Fw Niehuuser Annenhof, Niehuuser Str. 25, ✆ 50508330, III 4.5
Harrisleer Räderwerft, Pattburger Bogen 21, ✆ 5052255 3.5

Wassersleben (Harrislee)
Vorwahl: 0461
H Hotel Das Wassersleben, Wassersleben 4, Wassersleben, ✆ 77420, V 3

Flensburg
Vorwahl: 0461
i Touristinformation Flensburg, Nikolaistr. 8, ✆ 9090920 0
H Alte Post, Rathausstr. 2, ✆ 8070810, IV-V 0
H Botiquehotel Petuh, Wilhelmstr. 4, ✆ 80707280, V 0
Hg Am Rathaus, Rote Str. 32-34, ✆ 17333, IV 0
Ho Hostel und Boardinghouse Flensbed, Bahnhofstr. 28, ✆ 80728510, o.F., II-III 0
B&B Zimmer Frei Holidays, Große Str. 65a, ✆ 31328062, ✆ 0156/78563606, o.F., II-III 0
Bike-Mobil, mobile Fahrradwerkstatt, ✆ 8405596, ✆ 0172/1539326
Christiansen, Rote Str. 11, ✆ 26443 0
EldoRADo, Kauslundhof 5, ✆ 707180 2
Fahrrad Petersen, Hafermarkt 19, ✆ 141310 0.5
MEGA Bike, Speicherlinie 42, Große Str. 12, ✆ 24438 0
E-Bike Verleih, Schleswiger Str. 57, ✆ 1683485 0.5

Jürgensby (Flensburg)
Vorwahl: 0461
H Am Fjord, Wilhelmstr. 1, ✆ 86080, IV 0
H Xenia, Süderfischerstr. 2, ✆ 160620, III-IV 0
P Pension Hygge am Hafen, Wilhelmstr. 2, ✆ 25164, III 0

Fruerlund (Flensburg)
Vorwahl: 0461
H Das James, Förderpromenade 30, ✆ 1672360, V-VI 0.5
H Fruerlund, Glücksburger Str. 174, ✆ 150800, o.F., IV 1
H Nordig, Mürwiker Str. 154, ✆ 31362010, III-IV 0
Hg Am Wasserturm, Am Blasberg 13, ✆ 3150600, IV 0.5
P Seewarte, Mürwiker Str. 164, ✆ 35025, III 0
JH Jugendherberge (JH) Flensburg, Fichtestr. 16, ✆ 37742, III 0

Engelsby (Flensburg)
Vorwahl: 0461
P Flensburg Engelsby, Engelsbyerstr. 82f, ✆ 61520, II-III 1.5

Meierwik (Glücksburg (Ostsee))
Vorwahl: 04631
H Vitalhotel Alter Meierhof, Uferstr. 1, ✆ 61990, V-VI 0

Sandwig (Glücksburg (Ostsee))
Vorwahl: 04631
H Intermar, Fördestr. 2-4, ✆ 9393000, III-IV 0
H Reich's Hotel Glücksburg, Sandwigstr. 17, ✆ 2489, III 0
H Strandhotel, Kirstenstr. 6, ✆ 61410, V-VI 0
Hg Jepsen, Sandwigstr. 12, ✆ 40920, III 0
P Smucke Steed, Paulinenallee 5, ✆ 4445161, IV-V 0

Glücksburg (Ostsee)
Vorwahl: 04631
i Touristinformation Glücksburg, Schinderdam 5, ✆ 451100 0
H Am Wasserschloss, Schlossallee 32, ✆ 443881, III 0
P Gestrup, Schlossallee 62, ✆ 2746, III 0
Fw artefact Gästehaus, Bremsbergallee 35, ✆ 61160, III-IV 1

Ulstrup (Wees)
P Gästehaus Hansen, Ulstrup 21, ✆ 04631/2544, III 2

Schwennau (Glücksburg (Ostsee))
Vorwahl: 04631
P Am Erlengrund, Schwennaustr. 22, ✆ 8118, ✆ 0160/8452508, III 0
Fw Glück in Sicht Ostseelodges, Schwennaustr. 37, ✆ 444350, III-VI 0.5

Holnis (Glücksburg (Ostsee))
Vorwahl: 04631
H Fährhaus Holnis, Holnisser Fährtstr. 21, ✆ 61330, IV 2.5
P Ostsee-Strandhaus Holnis, An der Promenade 1, ✆ 622071, IV-V 1
Ostseecamp, An der Promenade 1, ✆ 622071 0.5

Bockholm (Glücksburg (Ostsee))
Vorwahl: 04631
Hg Lodge am Meer, Drei 5, Drei, ✆ 61000, IV-V 0.5
Fw Gästehaus Hideaway, Jägerberg 9, ✆ 0160/90163696, I 0.5
Fw Gästehaus Käte Petersen, Bockholm 17, ✆ 7384, III-IV 0

Bockholmwik (Munkbrarup)
Vorwahl: 04631
Fördeferien Bockholmwik, Bockholmwik 19, ✆ 2088 0.5

Langballigholz (Langballig)
Vorwahl: 04636
i Touristinformation, Süderende 1, Langballig, ✆ 8880 1.5
Pz Gästehaus Bunn, Oberstr. 33, ✆ 1297, III 0.5

Langballigau (Langballig)
Vorwahl: 04636
H Ostsee-Anker, Strandweg 1, ✆ 1646, III-V 0
Campingplatz Langballigau, Strandweg 3, ✆ 308 0

Langballig
Vorwahl: 04636
i Touristinformation, Süderende 1, ✆ 8880 1.5
H Station L, Raiffeisenstr. 1, Bahnhof Langballig, ✆ 9771230, IV 1.5
Hg Alte Landschule Langballig, Grundhofer Str. 1, ✆ 9796601, ✆ 0160/1533665, IV 1.5

Westerholz
Vorwahl: 04636

Touristinformation, Süderende 1, Langballig, ✆ 8880 1.5
Campingplatz Fördeblick, Kummle 1, ✆ 8385 0

Habernis (Steinberg (Schleswig))

Vorwahl: 04632
Bh Ferienhof Bendixen, Nordstern 10, ✆ 7077, II-III 0
Habernis, Habernis 7, ✆ 7616 0

Norgaardholz (Steinberg (Schleswig))

Vorwahl: 04632
Fw Ferienhaus Grösche, Norgaardholz 26, ✆ 87226, ✆ 0160/7698008, II 0
Nordstern, Nordstern 1, ✆ 7406, ✆ 0171/3281210 0

Steinberghaff (Steinberg (Schleswig))

Vorwahl: 04632
H Strandhotel Steinberghaff, Steinberghaff 22, ✆ 1755, III 0
Steinberghaff, Fischerstr. 21, ✆ 247 0

Steinberg (Schleswig)

Vorwahl: 04632
H Steinberger Hof, Süderstr. 1, ✆ 876351, III 1

Steinbergkirche

Vorwahl: 04362
Touristikverein Ferienland Ostsee Geltinger Bucht e.V., An der Schafslück 1a, ✆ 04632/8762270 3

Bonsberg (Niesgrau)

Vorwahl: 04643
H Fähr-Café, Bonsberg 5, ✆ 2466, III 0
H Hunhoi, Hunhoi 3, ✆ 1864880, IV 0

Lehbek (Gelting)

Vorwahl: 04643
P Janbeck*s FAIRhaus, Lehbek 10, ✆ 186501, III-V 0.5

Gelting

Vorwahl: 04643
Ferienland Ostsee-Geltinger Bucht e. V., Nordstr. 1a, ✆ 777 0
Gh Landkrog Gelting, Süderholm 16, ✆ 2218, III 0.5
Pz Franke, Mühlenfeld 13, ✆ 2255, III 1

Wackerballig (Gelting)

Vorwahl: 04643
Wackerballig, Strandweg 2a, ✆ 1335, ✆ 3183 0

Goldhöft (Gelting)

Vorwahl: 04643
Pz Ferienhof Geltinger Birk, Goldhöft 9, ✆ 685, II 0

Falshöft (Nieby)

Pz Hansen, Falshöft 6a, ✆ 04643/2960, II 0.5

Pommerby

Vorwahl: 04643
Pz Seehof, Gammeldamm 5, ✆ 693, II 0
Ostseesonne, Gammeldamm 6, ✆ 2223 0.5
Seehof, Gammeldamm 5, ✆ 693 0

Kronsgaard

Vorwahl: 04643
H Landhaus Ostseeblick, Pottloch 3, ✆ 2237, III-IV 0

Drecht (Hasselberg)

Vorwahl: 04642
P Elisabeth, Drecht 3, ✆ 6120, III 0
Gut Oehe, Drecht 6, ✆ 6124, ✆ 6029 (Winter) 0.5
Hasselberg, Drecht 7, ✆ 6383, ✆ 2584 0

Hasselberg

Vorwahl: 04642
H Fw Gasthuus Spieskamer, Hasselberg 3, ✆ 6683, II-III 0

Pugholz (Hasselberg)

Vorwahl: 04642
P Tüxen, Eckeberg 1, ✆ 6462, II 1
Fw Ferienhaus Pugholz, Pugholz 5, ✆ 969797, IV 0.5

Kieholm (Hasselberg)

Vorwahl: 04642
Touristikverein Ferienland Ostsee Geltinger Bucht e.V., An der B199/ Kreuzung Kieholm, ✆ 6228 0

Schwackendorf (Hasselberg)

Vorwahl: 04642
Pz Greggersen, Schwackendorf 24, ✆ 6149, II-V 0
Fw Claussenhof, Schwackendorf 37, ✆ 6426, ✆ 0151/19494949, II-III 0

Rabenholz (Gelting)

Vorwahl: 04643
Fw Petersen, Madsenweg 1, ✆ 2704, I 2.5

Kappeln

Vorwahl: 04642
Tourist-Information, Schleswiger Str. 1, ✆ 4027 0.5
H Aurora, Rathausmarkt 6, ✆ 4088, ✆ 4089, III-IV 0
H Schlei Hotel, Theodor-Storm-Str. 2, ✆ 1052, III-IV 0.5
H Stadt Kappeln, Schmiedestr. 36, ✆ 4021, II-IV 0.5
H Zur Mühle, Mühlenstr. 60, ✆ 7333, III 0.5
Pz Arendt, Konsul-Lorentzen-Str. 10, ✆ 2463, I 0.5
Kappeln, Eckernförder Str. 2, ✆ 8550, II-III 0.5

Lüttfeld (Kappeln)

Vorwahl: 04642
Pz Röhling, Klemensholl 5, ✆ 81886, ✆ 0173/4497870, III 2
Pz Seyfried, Espenisstr. 2a, ✆ 8462, ✆ 0173/6168421, II 1.5
Fw Ferien bei Woydt, Espenisstr. 4, ✆ 81448, III-IV 1.5

Kopperby (Kappeln)

Vorwahl: 04642
H SchleiFee ostsee hotel residenz, Eckernförder Str. 16, ✆ 9831334, III-IV 2.5

Ellenberg (Kappeln)
Vorwahl: 04642
Fw Ferienhof Siemen, Barbarastr. 4, 81868, I-III 0.5

Olpenitzdorf (Kappeln)
Vorwahl: 04642
H Schleimünde, Olpenitzer Dorfstr. 29, 81647, III-IV 0
Pz Wegener, Am Ehrenmal 13, 81292, II 0
Schleimünde, Olpenitzer Dorfstr. 29, 81647, 82911 0.5

Schönhagen (Brodersby (Schwansen))
Vorwahl: 04644
i Tourist-Information, Strandstr. 13, 7091000 0

Brodersby (Schwansen)
Vorwahl: 04644
Bh Ferienhof Block, Drasberger Weg 8, 237, 0174/1857758, III-IV 2

Karby
Vorwahl: 04644
i Tourist-Information, Strandstr. 13, Schönhagen (Brodersby (Schwansen)), 7091000 0
H Nüser, Eckernförder Str. 46, 220, 0151/19625774, III 0.5
P Jammers, Rosenstr. 15, 1271, II 0.5

Schubystrand (Damp)
Ostseecamping, Schubystrand, 04644/96010 0

Damp
Vorwahl: 04352
H Ostsee Resort Damp, Seeuferweg 10, 80666, III-IV 0

Dorotheenthal, Dorotheental, 5121 0.5
Koralle, Fischlegerstrand, 5109, 0173/2085756 0

Holzdorf
H Landhotel Rosenduft, Glasholz 1, 04352/912003, IV-V 2.5

Ritenrade (Waabs)
Hökholz, Ritenrade 4, 04352/9117031 1.5

Waabs
Vorwahl: 04358
Gh Waabs Mühle, Mühlenstr. 26, 04352/2266, III-IV 0
P Peter, Dorfstr. 1, 04352/2394, 0162/8839025, I-II 0.5
Ostsee-Freizeitpark Booknis, Seestr., 2311 0.5
Ostseecamping Fam. Heide, Strandweg 31, 04352/2530 1

Sophienhof (Waabs)
Vorwahl: 04358
Hh B Gut Sophienhof, Gut Sophienhof 1, 1025, II 0

Langholz (Waabs)
Vorwahl: 04352
Camping Langholz, Fischerstr. 9, 911484 1.5
Lehmberg, Lehmbergerstr. 1, 04358/9893230 1

Karlsminde (Waabs)
Vorwahl: 04358
B Gut Karlsminde, Karlsminde, 344, 1014 (Winter) 2
Gut Ludwigsburg, Ludwigsburg 4, 370, 1068 2

Louisenburg (Eckernförde)
Hemmelmark, Hemmelmark, 04351/81149, 04351/81265 1.5

Eckernförde
Vorwahl: 04351
i Eckernförde Touristik & Marketing GmbH, Am Exer 1, 71790 0
H Alte Fischereischule, Sehestedter Str. 77, 71660, IV 0
H Siegfried-Werft, Vogelsang 12, 75770, 0172/6565344, III 0
H Stadthotel Eckernförde, Am Exer 3, 72780, IV-V 0
H Zum Seepferdchen, Fischerstr. 33, 72740, III 0
Hg Seelust, Preußerstr. 3, 72790, III-V 0
Fw Förde Seasons, Dietrich-Bonhoeffer-Str. 30, 0173 2772076 1
Fw Kaffeehaus und Konditorei Heldt, St. Nikolai-Str. 1, 7692233, III 0.5
Jugendherberge (JH) Eckernförde, Sehestedter Str. 27, 2154, II 0
Fahrrad-Zentrum Eckernförde, Berliner Str. 1, 8803760 0

Neudorf (Neudorf-Bornstein)
Vorwahl: 04346
Pz Privatvermietung Petra Kruse, Behrensbrooker Weg 12, 7108, 0151/50409000, I 0

Borghorst (Osdorf)
H Herrenhaus Borghorst, Am Gutshof 3, 04346/368232, V 0

Osdorf
Vorwahl: 04346
i Fremdenverkehrsverein Dänischer Wohld - Gettorf e. V., Ringweg 1a, 9922 2
Gh Hammerich, Hauptstr. 3, 412822, II 1.5

Noer
Vorwahl: 04346
Jensen, Bäderstr. 53, 369188 0.5

Krusendorf (Schwedeneck)
Vorwahl: 04308
i Schwedeneck Touristik, Zum Kurstrand 5, Surendorf (Schwedeneck), 331 1
Ho Peanuts Hostel & Meer, Am Wasserwerk 9, 0157/82775902, II 0
Grönwohld, Kronshörn, 189972 1

Surendorf (Schwedeneck)
Vorwahl: 04308
i Schwedeneck Touristik, Zum Kurstrand 5, 331 1
Pz Haus Zabel, Faulstr. 12, 513, 0178/3408220, II-III 0.5
Pz Schlotter, Holzenweg 25, 1756, II 0
Surendorf, Zum Kurstrand 5, 331 1

Strande
Vorwahl: 04349
i Tourist-Information, Strandstr. 12, 290 0.5
H ACQUA Strande Yachthotel & Restaurant, Strandstr. 15, 8080, III-IV 0.5
H Strandhotel, Strandstr. 21, 91790, IV-VI 1
Hg Haus am Meer, Bülker Weg 47, 330, III-IV 1.5

Hg Ostseehaus Bunger, Dorfstr. 7, ✆ 80777, III-IV 1
B&B Im Goldschmiedehaus, Eichendorffstr. 8a, ✆ 0171/2858467, III-IV 1

Schilksee (Kiel)
Vorwahl: 0431
H Gode-Wind, Kurallee 8, ✆ 37977, III 0
H Olympia, Drachenbahn 20, ✆ 375750, III 0

Altenholz
Vorwahl: 04346
H Dänischer Hof, Kronsberg 31, ✆ 0431/32900, ✆ 0170986118, III-IV 2.5

Friedrichsort (Kiel)
Vorwahl: 0431
H Kieler Förde, Prieser Strand 4, ✆ 399690, ✆ 0177/7351898, III 0
Jugenddorf Falckenstein, Falkenhorst 6, ✆ 3996115, I 0.5
Falckenstein, Palisadenweg 171, ✆ 392078. ÖZ: April-Okt. 0

Holtenau (Kiel)
Vorwahl: 0431
H Waffenschmiede, Friedr.-Voß-Ufer 4, ✆ 369690, IV-V 0.5
P Haus Lucija, Schusterkrug 11, ✆ 391366, II 0.5

Wik (Kiel)
Vorwahl: 0431
MEGA Bike - Wik, Schleusenstr. 18, ✆ 6668963 0

Kronshagen
Vorwahl: 0431
H GHotel hotel&living Kiel, Eckernförder Str. 213-215, ✆ 32000, III 3
H Königstein Kiel by Tulip Inn, Kieler Str. 2, ✆ 585100, II-III 3

Kiel
Vorwahl: 0431
i Tourist-Information Kiel, Andreas-Gayk-Str. 31, ✆ 679100 0
H Atlantic Hotel Kiel, Raiffeisenstr. 2, ✆ 374990, IV-V 0
H B&B Hotel Kiel-City, Kaistr. 70, ✆ 557270, III 0.5
H B&B Hotel Kiel-Wissenschaftspark, Fraunhoferstr. 3, ✆ 88860010, III 1.5
H Centro Hotel Consul by INA, Walkerdamm 11, ✆ 12856148, II-III 0.5
H Flämischer Hof, Flämische Str. 4, ✆ 93092, IV 0
H Hotel Astor Kiel by Campanile, Holstenpl. 1-2, ✆ 99790, III-IV 0.5
H Hotel City by Premiere Classe, Muhliusstr. 95, ✆ 986800, II-IV 1
H InterCityHotel Kiel, Kaistr. 54-56, ✆ 66430, III-IV 0
H Kieler Yacht Club, Kiellinie 70, ✆ 88130, IV-V 0
H Liegeplatz 13, Königsweg 13, ✆ 62678, II 0.5
H Romantik Hotel Kieler Kaufmann, Niemannsweg 102, ✆ 88110, V-VI 0.5
H Steigenberger Conti-Hansa, Schlossgarten 7, ✆ 51150, V-VI 0.5
H Wiking, Schützenwall 1-3, ✆ 661090, III 1
Hg Düvelsbek, Feldstr. 111, ✆ 886670, III 1
Hg Rabe's Hotel Kiel, Ringstr. 30, ✆ 663070, III 0.5
MEGA Bike - Hassee, Rendsburger Landstr. 161, ✆ 71988577 3
Pi Quadrat Fahrräder, Westring 248, ✆ 1499979 1.5
Picocycles, Rathausstr. 6, ✆ 6668357 0.5
Rad Sport Markt, Knooper Weg 94, ✆ 93848 1.5
Sprint Cycles, Beselerallee 69/69a, ✆ 565453 1.5
Velo Center-Höhenflug Fahrrad- u. Drachenladen GmbH, Knooper Weg 165, ✆ 803991 1.5

Gaarden (Kiel)
Vorwahl: 0431
H Runge, Elisabethstr. 16, ✆ 733396, II-III 0
Jugendherberge Kiel, Johannesstr. 1, ✆ 731488, III 0

Wellingdorf (Kiel)
Vorwahl: 0431
H Am Segelhafen, Schönberger Str. 32-34, ✆ 729900, III-IV 0
Fahrradschmiede, Am Seefischmarkt 11-13, ✆ 72997714 0

Neumühlen-Dietrichsdorf/Oppendorf (Kiel)
Vorwahl: 0431
P Gästehaus Margarethenhöh, Kirschberg 17, ✆ 2099898, I-V 0.5

Heikendorf
Vorwahl: 0431
i Tourist-Information Heikendorf/Kieler Förde, Strandweg 2, direkt am Hafen, ✆ 679100 0
Freilauf, Dorfstr. 17, ✆ 77777 0.5

Möltenort (Heikendorf)
Vorwahl: 0431
H StrandHotel Seeblick, Uferweg 2, ✆ 5332180, V-VI 0
Möltenort, Uferweg 24, ✆ 2394529, I 0

Laboe
Vorwahl: 04343
i Tourist-Information, Börn 2, ✆ 427550 0
H Admiral Scheer, Strandstr. 92, ✆ 42700, IV-V 0
H Haus Erholung, Friedrichstr. 8, ✆ 8652, ✆ 1333, III 0
H Seeterrassen, Strandstr. 84-88, ✆ 6070, III-IV 0
Fw Hof Wiese, Oberdorf 18, ✆ 1001, ✆ 0171/3288018, II 0.5
Fahrradverleih-Laboe, Strandstr. 28, ✆ 7002, ✆ 0171/2151780 0

Stein
Vorwahl: 04343
i Fremdenverkehrsverein Stein e. V., Dorfring 20a, ✆ 9299 0
P Haus Gaby, Wiesengrund 9, ✆ 5252, II-III 0.5
Fördeblick, Kreisstr. 30, ✆ 7795, I 0
Neustein, An der K30, ✆ 8122, I 0
Ostsee-Camp Kliff, Ellernbrook 6, ✆ 6222, I 0

Wendtorfer Strand (Wendtorf)
Vorwahl: 04343
i Tourist-Information, Schulstr. 10, Wendtorf, ✆ 9697 1
Bottsand, Zum Bottsand 3, ✆ 0170/2456799, I 0
Regenbogen Wendtdorf, Zum Bottsand 1, ✆ 2372370, I 0.5

Wendtorf
Vorwahl: 04343
i Tourist-Information, Schulstr. 10, ✆ 9697 1
P Rolinski, Dorfstr. 1, ✆ 49700, III 1.5

Wisch
Vorwahl: 04344
Heidkoppel, Mittelweg 114, ✆ 9098, I 0

Kalifornien (Schönberg (Holstein))
Vorwahl: 04344
i Tourist-Service Kalifornien, An der Kuhbrücksau 2, ✆ 4344/1838 0
H Seestern, Seesternweg 9, ✆ 1465, IV 0
Gh Beach Hotel California, Deichweg 3, ✆ 4137070, V 0
P Strandräuber, Deichweg 4, ✆ 41690, III-IV 0
NF Naturfreundehaus Kalifornien, Deichweg 1, ✆ 1342, II 0
California, Große Heide 26, ✆ 9591, I 0.5

Schönberg (Holstein)
Vorwahl: 04344
i Tourist-Service, Käptn's Gang 1, Schönberger Strand (Schönberg (Holstein)), ✆ 41410 0
H Ruser's, Albert-Koch-Str. 4, ✆ 2013, III 0
H Schönberg, Knüll 2, ✆ 1305, III-IV 0.5
JH Jugendherberge (JH) Schönberg, Stakendorfer Weg 1, ✆ 2974, HP, III 0.5

Neuschönberg (Schönberg (Holstein))
Vorwahl: 04344
i Tourist-Service, Käptn's Gang 1, Schönberger Strand (Schönberg (Holstein)), ✆ 41410 0

Schönberger Strand (Schönberg (Holstein))
Vorwahl: 04344
i Tourist-Service, Käptn's Gang 1, ✆ 41410 0
AH Haus Felsenburg & Campingplatz Grasbleek, Zur Felsenburg 3, ✆ 1216, ✆ 41600, o.F., I-III 0.5
Hasselkrug, Korshagener Redder 70, ✆ 3911, ✆ 3674, I 0.5

Stakendorf
Vorwahl: 04344
Pz Rethwisch, Dorfstr. 48, ✆ 9073, III 2

Hohenfelde
Vorwahl: 04385
i Tourist-Information in der Strandkrabbe, Strandstr. 23, ✆ 8779950 0
Ostseeperle, Ostseering, ✆ 287 1.5
Ostseestrand, Strandstr. 21, ✆ 620 0
Radeland, Strandstr. 18, ✆ 5388 0
Seeblick, Hof Malmsteg 3, ✆ 0179/6543457 0.5

Schwartbuck (Hohenfelde)
Vorwahl: 04385
H Luv und Lee, Freeheit 14, ✆ 755, ✆ 1600, ✆ 0176/22703892, III-IV 2

Satjendorf (Panker)
Vorwahl: 04381
Pz Schlafgut Panker, Am Teich 22, ✆ 0170/2788404, I 0
Hubertsberg, Hubertsberg, ✆ 04385/1382 1.5

Gadendorf (Panker)
Vorwahl: 04385
i Fremdenverkehrsverein Panker, Hasselbusch 4, ✆ 04381/6969 1.5

Matzwitz (Panker)
Vorwahl: 04381
Bh Hof Ecksoll, Ecksoll, ✆ 04385/1489, ✆ 0163/1432215, II-III 0

Behrensdorf (Ostsee)
Vorwahl: 04381
i Tourist-Information, Ringstr. 2a, ✆ 4986 0
Fw Haus Wildgans, Alte Dorfstr. 30, ✆ 4163238, ✆ 0157/88322560, IV-V 0
Fw Lissi's Appartements, Alte Dorfstr. 1-3, ✆ 1066, III-IV 0
Fw Möller, Ringstr. 7, ✆ 5484, III-IV 0
Ferien- & Campinganlage Schuldt, Neuland 3, ✆ 416545, I 1
Waldesruh, Neuland 5, ✆ 8555, ✆ 0151/14289831, I 1

Hohwacht (Ostsee)
Vorwahl: 04381
i Tourist-Information, Berliner Pl. 1, ✆ 90550 0
H Das Ostseehotel, Seestr. 9, ✆ 90510, ✆ 0175/1183174, III-IV 0
H Genueser Schiff, Seestr. 18, ✆ 7533, IV-V 0
H Haus am Meer, Dünenweg 1, ✆ 40740, V-VI 0.5
H Hohe Wacht, Ostseering 5, ✆ 90080, V-VI 0.5
H Hohwachter Hof, Strandstr. 6, ✆ 40280, III-IV 0
H Seelust, Strandstr. 8, ✆ 40790, III-IV 0
H Strandhotel Hohwacht, Strandstr. 10-12, ✆ 6091, ✆ 6092, III-IV 0.5
Hg Waldwiese, Waldstr. 10, ✆ 40290, ✆ 7376, IV 0

Sehlendorf (Blekendorf)
Vorwahl: 04382
i Tourist-Information Sehlendorfer Strand, Strandstr. 24, ✆ 92234 0
Fw Seestern, Belvedere 10, ✆ 04149/7444, IV 0.5
Jipp, Strandstr. 22, ✆ 426, I 0.5
Platen, Wewerin 2, ✆ 351, I 1
Schöning, Wewerin 1, ✆ 920504, I 0.5

Weißenhaus (Wangels)
Vorwahl: 04382
H Weißenhaus Grand Village Resort & Spa, Parkallee 1, ✆ 92620, VI 0.5

Weißenhäuser Strand (Wangels)
Vorwahl: 04361
i Tourist-Information, Seestr. 1, ✆ 550 0
H Strandhotel, Seestr. 1, ✆ 552771, IV-V 0
Fw Am Park, Seestr. 1, ✆ 5540, II 0
Triangel, Seestr. 1a, ✆ 507890 0.5

Oldenburg in Holstein
Vorwahl: 04361
i KulTour gGmbH, Göhler Str. 56, im Bildungs- und Kulturzentrum, ✆ 5083913 1
i Tourist-Information Oldenburg in Holstein, Schauenburger Pl. 2, ✆ 5083913 0.5
H Zur Eule, Hopfenmarkt 1, ✆ 49970, III 0
P Haus Lumaschi, Burgtorstr. 44, ✆ 2816, II 0
Pilgerquartier, Kurzer Kamp 53, ✆ 0176/52292037, o.F., I 0.5
Zweirad Hartje, Schuhstr. 99, ✆ 2313 0.5

Neuteschendorf (Gremersdorf)

Vorwahl: 04361

Blanck Eck, Neuteschendorf 8, 80562, 80550, I 1

Gremersdorf

Vorwahl: 04362

H Hotel Gremersdorf, Am Hotel Gremersdorf 1, 04361/7028, IV 2.5

Heiligenhafen

Vorwahl: 04362

i Tourismus-Service Heiligenhafen, Bergstr. 43, 90720 0

H Miramare, Bergstr. 20, 2278, 90220, III 0

H Nordpol, Werftstr. 5, 2075, III 0

H Seestern, Am Strande 3, 2286, III 0

Hg Stadt Hamburg, Hafenstr. 17, 5038822, 01516/5681340, III 0

P Bohnsack, Probst-Röhl-Str. 12, 8602, 0174/3989896, II 0.5

Pz Hielscher, Drosselweg 5, 7457, 0176/51188136, I 0

Pz Lück, Brückstr. 23, 2099 0

B&B Heiligenhafen, Fischerstr. 18-20, 5083688, II 0.5

B&B Villa Daheim, Friedrich-Ebert-Str. 18, 504855, 0173/3125740, III 0

AH Ostseeresidenz, Steinwarder 39, 9190, IV 0

Pits Fahrradverleih, Ferienpark, 503976, 0151/23076999 0

Klaustorf (Großenbrode)

Vorwahl: 04362

P Gästehaus am Hengstkamp, Hengstkamp 1, 5139582, IV 1

Großenbrode

Vorwahl: 04367

i Tourist-Information, Teichstr. 12, im Rathaus, 997113 0

H Am Wind, Am Kai 11, 999911, 0170/2349067, III-IV 0.5

H Hotel Großenbrode, Teichstr. 17, 9966830, III 0

Hg Ostsee-Hotel, Südstrand 8, 7190, IV-VI 0.5

P Strandnah Großenbrode, Strandstr. 9, 0179/3932339, III-IV 0

Pz Fiebig, Am Norderfeld 7, 8657, 0177/5613374, II 0

Strandparadies, Südstrand 3, 8697, I 0

Strukkamp (Fehmarn)

Vorwahl: 04371

Pz Fw Gästehaus Muhl, Strukkamp 40, 1472, IV 0.5

Strukkamphuk (Fehmarn)

Vorwahl: 04371

Campingplatz Strukkamphuk, Strukkamphuk, 2194, II 0

Landkirchen auf Fehmarn (Fehmarn)

Vorwahl: 04371

Fw Alte Sparkasse, Hauptstr. 41, 6069001, III-IV 0

2Rad Fehmarn, Kirchblick 4, 0151/41295931 0

Neujellingsdorf (Fehmarn)

Vorwahl: 04371

Bh Ferienhof Serck, Neujellingsdorf 12, 2268, I-II 1

Altjellingsdorf (Fehmarn)

Vorwahl: 04371

Pz Mackeprang, Dorfstr. 4, 3344, I 2

Pz Welsgestüt Cheenook, Altjellingsdorf 5, 2252, II 2

Lemkenhafen (Fehmarn)

Vorwahl: 04372

Pz Fiege, Am Soll 2, 806439, o.F., II 0

AH Meerblick, Am Hafen 16-20, 1815, III-IV 0

Neuhof (Fehmarn)

Vorwahl: 04372

Pz Rahlff, Neuhof 1, 1009, 0171/3530100, II-III 0

Orth (Fehmarn)

Vorwahl: 04372

Pz Ferienhof Scheel, Seestr. 18, 223, III-IV 0

Pz Mrak, Seestr. 2, 417 0

Sulsdorf (Fehmarn)

Vorwahl: 04372

Hg Lindenhof, Gollendorfer Weg 3, 1313, III-IV 0

Flügge (Fehmarn)

Vorwahl: 04372

Camping Flüggerteich, 349 0.5

Flügger Strand, Flügge 2, 991344, 714 0

Petersdorf (Fehmarn)

Vorwahl: 04372

P Lange, Mittelstr. 10, 601, II-III 0

Pz Willer, Ratssollweg 32, 546, I 1

Wallnau (Fehmarn)

Vorwahl: 04372

Strandcamping Wallnau, 456 0.5

Schlagsdorf (Fehmarn)

Vorwahl: 04372

Pz Ferienbauernhof Kruse, Schlagsdorf Nr. 15, 343, 0172/9518262, II-III 0.5

Pz Henrici, Schlagsdorf Nr. 14, 1621, 1621, II 0.5

Westermarkelsdorf (Fehmarn)

Vorwahl: 04372

P Seestern, Westermarkelsdorf 21, 8059355, III 0

Pz Ferienhof Rahlf, Westermarkelsdorf 6, 360, I-III 0

Altenteil (Fehmarn)

Vorwahl: 04372

Fehmarnbelt, Altenteil 21, 0172/6873315 0.5

Wenkendorf (Fehmarn)

Vorwahl: 04372

Pz Ferienhof Marquardt, Wenkendorf 34, 487, III-IV 1.5

Am Deich, Wenkendorf 100, 777 0

Gammendorf (Fehmarn)

Vorwahl: 04371

Pz Strandräuber, Gammendorf 48, 502722, 0171/8930481, I-III 3

Bh Ferienhof Wichtelweide, Siedendörp 24, 8839930, III-IV 3

Am Niobe, Strand, 3286, 2932 0

Vadersdorf (Fehmarn)

Vorwahl: 04371

Fw Bauernhof Höpner, Vadersdorf 31, 3226, 2325, II-IV 3.5

Puttgarden (Fehmarn)

Vorwahl: 04371

H FF&E Hotel Dania, Bürgermeister-Landt-Str. 51,

☎ 8660, III 0.5
P Hus Seeblick, Op de Wei 8-10, ☎ 6069122, ☎ 01782007722, III-IV 0
Pz Langbehn, Dorfstr. 18, ☎ 3558, I 0
Clausen Puttgarden, Strandweg, ☎ 3492 0

Todendorf (Fehmarn)
Vorwahl: 04371
Pz Ferienhof Manowski, Todendorf 11a, ☎ 4692 2

Presen (Fehmarn)
Vorwahl: 04371
Fw Fehmarn-Inn, Presen 12, ☎ 888992 0.5
Bh Ferienhof Presener Deichkrone, Presen 21, ☎ 9217, III-IV 0.5

Bannesdorf auf Fehmarn (Fehmarn)
Vorwahl: 04371
H Meetz, Kirchenstieg 12, ☎ 8899880, IV 2

Klausdorf (Fehmarn)
Vorwahl: 04371
Pz Lüders-Köneke, Dorfstr. 5, ☎ 6164, I-II 0.5
Bh Ferienbauernhof Lafrenz, Dorfstr. 30, ☎ 879784, III-IV 0.5
Klausdorfer Strand, Klausdorfer Strandweg 100, ☎ 2549 0

Niendorf auf Fehmarn (Fehmarn)
Vorwahl: 04371
Pz Wohler, Inselstr. 8, ☎ 4744, II-III 2

Katharinenhof (Fehmarn)
Vorwahl: 04371
Pz Ferienhof Beneken, Katharinenhof 13, ☎ 869945, ☎ 0152/56840002, III-IV 0.5
Ostsee Katharinenhof, Katharinenhof, ☎ 9032, ☎ 3240 0

Meeschendorf (Fehmarn)
Vorwahl: 04371
Europa-Camping, Meeschendorf 1, ☎ 2419 0.5
Insel-Camp Fehmarn, ☎ 50300 0.5
Südstrand, ☎ 2189, ☎ 9507 0

Sahrensdorf (Fehmarn)
Vorwahl: 04371
Pz Hansen, Sahrensdorf 30, ☎ 4316, II-III 0
Fw Familien-Erlebnishof Büdlfarm Bikes, Sahrensdorf 12, ☎ 3158, III-VI 0

Burgtiefe (Fehmarn)
Vorwahl: 04371
i Tourismus-Service Fehmarn, Zur Strandpromenade 4, ☎ 506300 0.5
H IFA Ferien Centrum Südstrand, Zur Strandpromenade 1, ☎ 890, II-IV 0.5
H Strandhotel Bene, Am Südstrand 17, ☎ 8653, IV-VI 1

Neue Tiefe (Fehmarn)
Vorwahl: 04371
Hg Strand-Hotel Fehmarn, An der Möveninsel 1-3, ☎ 3142, III 0
Fw Urlaubsdomizil-Fehmarn, Bürgermeister-Fox-Str. 44a, ☎ 8898877, III-IV 0

Burg auf Fehmarn (Fehmarn)
Vorwahl: 04371
i Tourismus-Service Fehmarn, Bahnhofstr. 30, ☎ 506358, ☎ 506359 0.5
H Burg-Klause, Blieschendorfer Weg 1, ☎ 50020, IV 0
H Wisser's, Am Markt 21, ☎ 3111, III-IV 0.5
P Zur Sonne, Sahrensdorfer Str. 35b, ☎ 3395, II 0.5
Jugendherberge Fehmarn, Mathildenstr. 34, ☎ 2150, II-III 0
Connys Fahrradladen, Süderstr. 24, ☎ 3326, ☎ 1303 0

Burgstaaken (Fehmarn)
Vorwahl: 04371
H Schützenhof, Menzelweg 2, ☎ 50080, III-IV 0
Fw Appartementhaus Westphal, Menzelweg 5, ☎ 864326, II-III 0.5

Wulfen (Fehmarn)
Vorwahl: 04371
Camping & Ferienpark Wulfener Hals, Wulfener Halsweg 100, ☎ 86280 1

Fehmarnsund (Fehmarn)
Vorwahl: 04371
Camping Miramar, Fehmarnsund 70, ☎ 3220 0

Seekamp (Neukirchen (Ostholstein))
Vorwahl: 04365
Seekamp, Seekamp 1, ☎ 456, ☎ 7333, I 1

Sütel (Neukirchen (Ostholstein))
Vorwahl: 04365
S Sütel, An der Au 3, ☎ 451, I-IV 1.5

Ostermade (Neukirchen (Ostholstein))
Vorwahl: 04365
Christiansen, ☎ 492, ☎ 0163/4588915, I 2

Neukirchen (Ostholstein)
Vorwahl: 04365
i Tourismus-Service Heiligenhafen, Bergstr. 43, Heiligenhafen, ☎ 04362/90720 0
P Landhaus Timm, Dorfstr. 18, ☎ 1582, ☎ 0170/7540184, o.F., II 0

Sahna (Neukirchen (Ostholstein))
Vorwahl: 04365
Costa Sahna, Hof Sahna, ☎ 281, ☎ 362 (Winter), I 1.5

Süssau (Heringsdorf (Ostholstein))
Vorwahl: 04365
Camping am Minigolf, Strandstr. 26, ☎ 284, I 0
Campingpark Süssau, Camping Str., ☎ 289, ☎ 0172/4112180, I 0

Rosenfelde (Grube)
Vorwahl: 04365
Am Rosenfelder Strand Ostsee Camping, Rosenfelder Strand 1, ☎ 979722, I 0.5
FKK-Camping Rosenfelder Strand, Rosenfelder Strand 2, ☎ 222, I 0.5

Dahme (Holstein)
Vorwahl: 04364
i Kurbetrieb, Seestr. 50, ☎ 49200 0
Hg Haus Miramar, Haakestr. 7, ☎ 8805, III 0
Hg Meeresrauschen, Am Deich 13, ☎ 4719166, III 0
Hg Sonnenschein, Am Deich 7, ☎ 302, III-IV 0
Hg Thode, Memelstr. 3, ☎ 49710, IV-V 0
P Baltic, Saarstr. 4-6, ☎ 470194, III 0
Fw Ostseetraum Dahme, Kornhof 2, ☎ 8774 0.5

Jugendherberge Dahme, Dahmeshöved 1, ✆ 470173, III 0

Euro-Camping Zedano, Anhalter Pl. 100, ✆ 366, I 0.5

Stieglitz, Reinhold-Reshöft-Damm, ✆ 1435, I 0.5

Grube

Vorwahl: 04365

Tourist-Büro Grube, Wenddorf 1, ✆ 04364/471563 3

Kellenhusen (Ostsee)

Vorwahl: 04364

Tourismus-Service Ostseebad Kellenhusen, Waldstr. 1, ✆ 49750 0

Erholung, Strandstr. 1, ✆ 470960, III-IV 0

Tanta Emma Hotel, Am Ring 41, ✆ 336, II-III 0.5

Haus Steinbach, Fritz-Reuter-Weg 6, ✆ 8442, ✆ 0162/4721217, III 0.5

Haus Westfalen, Waldstr. 14, ✆ 9425, II-III 0.5

Pension Walmeer, Hamburger Str. 8, ✆ 470272, ✆ 0173/5824070, III-IV 0.5

Lensterstrand (Grömitz)

Vorwahl: 04562

Ahoi Camping, Mittelweg 129, ✆ 8586, I 0.5

Camaro, Mittelweg 111, ✆ 8845, I 0.5

Camping-Paradies Lensterstrand, Mittelweg 162, ✆ 5228, I 0.5

Feriencamp Lensterstrand, Blankwasserweg 101, ✆ 5945, I 0

Hanseatic, Mittelweg 158, ✆ 8571, I 0.5

Hohe Leuchte, Mittelweg 164, ✆ 225507, I 0.5

Mare, Lensterweg 20, ✆ 8141, I 0

Porta del Sol, Mittelweg 143, ✆ 222888, I 0.5

Sonnenland, Blankwasserweg, ✆ 8950, ✆ 0173/5129004, I 0

Lenste (Grömitz)

Vorwahl: 04562

Hof Faasel, Wiesenredder 18, ✆ 222989 1.5

Kruse, Langenredder 56, ✆ 224775, IV 1.5

Grömitz

Vorwahl: 04562

Tourismus-Service Grömitz, Kurpromenade 56, ✆ 2560 1

Carat Golf & Sporthotel Grömitz, Strandallee 4, ✆ 3910, III-V 1

Gosch, Am Markt 6, ✆ 22760, III-IV 0

Gästehaus Luck, Wicheldorfstr. 47a, ✆ 4304, III 0.5

Hofhotel Krähenberg, Krähenberg 1, ✆ 22722, III-V 0.5

Seehotel Engel, Seestr. 14, ✆ 7070, III-IV 0.5

Wannerhus, Blankwasserweg 10, ✆ 25790, III-IV 0

a-ja Resort, Am Strande 35, ✆ 040/300322500, V 0.5

Seebrise, Wicheldorfstr. 62, ✆ 1615, II-V 1

Deichhaus, Marienburger Str. 2, ✆ 0152/55981633, II-III 0

Feuerqualle, Hubertusweg 3, ✆ 1421, II 1

Gästehaus Seestern, Schützenstr. 16, ✆ 5757, o.F., II-V 0

Haus Berlin, Fischerstr. 5, ✆ 8746, II-IV 0.5

Haus Oldenburg, Birkenweg 1, ✆ 266306, II-III 1.5

Langbehn, Christian-Westphal-Str. 34, ✆ 6670, I 0.5

Haus Christen, Schüttengang 5, ✆ 8145, II 0.5

Haus Solaris, Gutenbergstr. 8-10, ✆ 02372/062277, III-V 0.5

Fahrradvermietung Behrens, Blankwasserweg 25, ✆ 225809 0

Fahrradverleih für die ganze Familie, Christian-Westphal-Str. 4, ✆ 1671 0

bike and more, Am Strande 1-3, ✆ 2258025 0.5

Bliesdorf (Schashagen)

Vorwahl: 04562

Gästehaus Autzen, Brodauer Str. 9, ✆ 7782, I-II 0

Landhaus Dieckmann, Brodauer Str. 5, ✆ 2257800, o.F., IV 0

Landhaus Loose, Bundesstr. 2, ✆ 223208, ✆ 0176/24385744, III-IV 0.5

Camping & Ostseeferienpark Walkyrien, Strandweg 11, ✆ 6787, I 1

Campingland Ostee, Furthkoppel, ✆ 6056, I 1.5

Kagelbusch, Kagelbusch, ✆ 7122, I 1.5

Brodau (Schashagen)

Vorwahl: 04561

Elfenschlucht, Elfenschlucht 1, ✆ 7030, I 0.5

Rettin (Neustadt in Holstein)

Vorwahl: 04561

An der Düne, Strandweg 66, ✆ 7318, ✆ 04528/910191, I. Nur Wohnmobile. 0

Rettin, Strandweg 93, ✆ 7322, ✆ 7070, I 0.5

Pelzerhaken (Neustadt in Holstein)

Vorwahl: 04561

Tourist-Information Neustadt/Pelzerhaken/Rettin, Dünenweg 1G, ✆ 04503/7794180 0.5

Strandkind, Pelzerhakener Str. 43, ✆ 513350, IV 0

Am Hohen Ufer, Pelzerhaker Str. 47, ✆ 7222, I 0

Am Waldrand, Wiesenstr. 23, ✆ 5350, I. Nur Wohnmobile. 0

Seeblick, Pelzerhaker Str. 55-59, ✆ 7428, I 0.5

Südstrand, Pelzerhaker Str. 65, ✆ 7238, I 0.5

tobisRad, Dünenweg 1f, ✆ 7143727 0.5

Neustadt in Holstein

Vorwahl: 04561

Tourist-Information Neustadt Hafen, Schiffbrücke 2-4, ✆ 04503/7794290 0

Arborea Marina Resort, An der Wiek 7-15, ✆ 71990, IV 0.5

Baltic-Residenz, Galgenberg 1, ✆ 519990, o.F., III 0

Holländersruh, Kremperstr. 13, ✆ 8885, ✆ 71400, IV 0.5

Hamburger Hof, Lienaustr. 26, ✆ 5264466, III-IV 0

Am Strande, Sandberger Weg, ✆ 4188, I 0.5

Lotsenhaus, Sandberger Weg 96, ✆ 2557, I 0

Sierksdorf

Vorwahl: 04563

Tourist-Information, Vogelsang 1, ✆ 04503/7794170 0

Mein Heim, Bergweg 6, ✆ 0176/34399723, II-III 0

Pohnsdorfer Mühle, Pohnsdorfer Str. 1, ✆ 045461/5949915, II-III 0

Schwabenland, Am Strande 46, ✆ 8665, III 0

Haffkrug (Scharbeutz)

Vorwahl: 04563

Info-Point, Bahnhofstr. 4, ✆ 04503/7794160 0.5

P B. Brockmann, Breitenkamp 6, ✆ 473371, ✆ 0170/9375414, III-IV 0.5

Pz Haus Sabine, Schollenstieg 7, ✆ 5511, ✆ 01575/9328826, II 0.5

Ferienglück, Strandallee 87, ✆ 1480 0.5

Ostseecamp Lübecker Bucht, Bormwiese 1, ✆ 5203 1.5

Scharbeutz

Vorwahl: 04503

Tourist-Information, Strandallee 134, ✆ 7794160 0

H Bayside, Strandallee 130a, ✆ 60960, V-VI 0

H Gran Belveder, Strandallee 146, ✆ 3526600, V-VI 0

H Petersen's Landhaus, Seestr. 56a, ✆ 35510, IV 0.5

Jugendherberge (JH) Scharbeutz-Strandallee, Strandallee 98, ✆ 72090, III 0

Neptun, Strandallee 96, ✆ 04563/1619, ✆ 0163/4455123 0

Ostseestrand Ferienpark Scharbeutz, Strandallee 98b, ✆ 7794755 0

Seepferdchen, Pönitzer Chaussee 1, ✆ 72348, ✆ 0151/41915721 1

Timmendorfer Strand

Vorwahl: 04503

Tourist-Information, Timmendorfer Pl. 10, ✆ 35770 0

H Best Western Timmendorfer Strand, Strandallee 198, ✆ 60010, V-VI 0

H Country Hotel, Strandallee 136-140, ✆ 8080, V-VI 0

H Gorch Fock, Strandallee 152, ✆ 8990, IV-V 0

H Royal, Kurpromenade 2, ✆ 35950, IV-VI 0

H Seeschlösschen, Strandallee 141, ✆ 6011, VI 0

Hg Ancora, Strandallee 58, ✆ 703000, IV-V 0

Hg Fontana, Strandallee 49, ✆ 87040, V-VI 0

Hg Parkhotel, Am Kurpark 4, ✆ 60060, IV-VI 0

P Gästehaus Steinhardt, Poststr. 80, ✆ 31548, III-IV 0

P Langenhop, Wolburgstr. 11, ✆ 35020, III 0.5

Pz Haus Irene, Stettiner Str. 3, ✆ 5637, I-II 1.5

Fw Haus Mansfeldt, Friedrich-August-Str. 4, ✆ 2635, III-IV 0

Niendorf (Timmendorfer Strand)

Vorwahl: 04503

Tourist-Information, Strandstr. 121a, ✆ 357760 0

H Becker, Gartenweg 6, ✆ 31843, IV-V 0

H LUV, Strandstr. 125, ✆ 70820, IV-VI 0

H Miramar, Strandstr. 59, ✆ 801169, IV-V 0

H Yachtclub, Strandstr. 94, ✆ 8060, V-VI 0

Pz Haus Seeluft, Dr-Waßmund-Str. 6, ✆ 31378, ✆ 0171/8116420, II-III 0.5

Fahrradverleih Niendorf, Strandstr. 37f, ✆ 7710022, ✆ 0175/7710022 0

Warnsdorf (Ratekau)

Vorwahl: 04502

H Landhaus Töpferhof, Fuchsbergstr. 5, ✆ 2124, V-VI 2

H Lindenhof, Am Dorfpl. 2-4, ✆ 886886, IV-V 2

Travemünde (Lübeck)

Vorwahl: 04502

Tourist-Information, Am Leuchtenfeld 10a, ✆ 0451/8899700 0

H A-ROSA, Außenallee 10, ✆ 3070705, VI 0

H Atlantic Grand Hotel Travemünde, Kaiserallee 2, ✆ 3080, V-VI 0

H Deutscher Kaiser, Vorderreihe 52, ✆ 8420, IV-V 0

H Lieblingsplatz Strandperle, Kaiserallee 10, ✆ 8889707, IV-V 0

H Maritim Strandhotel, Trelleborgallee 2, ✆ 890, V-VI 0

Hg Atlantic, Kaiserallee 2a, ✆ 75057, IV-V 0

Hg Baltic, Vogteistr. 21, ✆ 3232, III 0.5

Hg Soldwisch, Kurgartenstr. 61, ✆ 2651, III-IV 0

Hg Sonnenklause, Kaiserallee 21-25, ✆ 86130, IV-V 0

NF NaturFreunde Haus Priwall, Mecklenburger Landstr. 128, Priwall, ✆ 2838, III 0.5

B&B Gästehaus Lateit, Am Heck 4, ✆ 71339, ✆ 0178/7407149, III 0.5

Das Fahrrad, Moorredder 15, ✆ 3550 1

Bruders, Mecklenburger Landstr. 14, ✆ 5340 0

Teutendorf (Lübeck)

Vorwahl: 04502

Fw Plötze-Martin, Bollbrügg 9, ✆ 25 10, II-III 1.5

Ivendorf (Lübeck)

Vorwahl: 0451

H Grüner Jäger, Ivendorfer Landstr. 40-42, ✆ 04502/889990, IV 1

Ivendorf, Frankenkrogweg 2-4, ✆ 04502/4865, I 1

Kreuzkamp (Ratekau)

Vorwahl: 0451

H Ostsee Lounge, Offendorfer Str. 5, ✆ 393061, IV 1.5

Kücknitz (Lübeck)

Vorwahl: 0451

H Hotel Waldhusen, Waldhusener Weg 22, ✆ 398730, III 0.5

Pz Schmiedeberg, Rangenberg 10, ✆ 04501/395503, ✆ 0174/7991239, o.F., I 1

Bad Schwartau

Vorwahl: 0451

Tourist-Information, Markt 15, ✆ 20002334 1

H Waldhotel Riesebusch, Sonnenweg 1, ✆ 293050, III 2

Hg Haus Magdalene, Lübecker Str. 69, ✆ 289990, III 0.5

Drahtesel, Lübecker Str. 31, ✆ 4812590 0.5

Jacob Biketechnik, Rantzauallee 25, ✆ 2805010 1.5

Lübeck

Vorwahl: 0451

Tourist-Information, Holstentorpl. 1, ✆ 8899700 0

H Am Mühlenteich, Mühlenbrücke 6, ✆ 77171, IV 0.5

H Atlantic, Schmiedestr. 9-15, ✆ 384790, V-VI 0

H Klassik Altstadt Hotel, Fischergrube 52, ✆ 702980, IV-V 0.5

Hg An der Marienkirche, Schüsselbuden 4, ✆ 799410, III-IV 0.5

Hg CVJM Hotel am Dom, Dankwartsgrube 43, ✆ 3999410, III 0.5

Ho Rucksack-Hotel Lübeck, Kanalstr. 70, ✆ 706892, o.F., I 1

DJH Lübeck „Altstadt", Mengstr. 33, ✆ 7020399, II-III 0.5

Die Fahrradwerkstatt, Hüxtertorallee 8, ✆ 7074335 0.5

Laufrad Lübeck, Beckergrube 29, ✆ 72792 0.5

Zweirad Wöltjen, Kanalstr. 54-56, ✆ 77351 1

at Fahrräder, Beckergrube 63, ✆ 7982268 0.5

St. Lorenz Nord (Lübeck)

Vorwahl: 0451

H Hanseatischer Hof, Wisbystr. 7-9, ✆ 300200, V-VI 0.5
H Herrenhof, Herrendamm 8, ✆ 46027, III 1.5
H Zum Ratsherrn, Herrendamm 2-4, ✆ 4077110, III 1.5
H ibis Lübeck City, Fackenburger Allee 54, ✆ 40040, III-IV 1
Hg Das Hotelchen, Schönböcker Str. 64, ✆ 41013, III-IV 1.5

St. Lorenz Süd (Lübeck)

Vorwahl: 0451

H H+ Hotel, Am Bahnhof 12-14, ✆ 00800/87333737, IV-V 0
H Park Hotel, Lindenpl. 2, ✆ 871970, III-IV 0
H Tryp by Wyndham Lübeck Aquamarin, Dr.-Luise-Klinsmann-Str. 1-3, ✆ 88020, III-IV 2
Hg Baltic Hotel, Hansestr. 11, ✆ 85575, IV 0.5
B&B B&B Hotel Lübeck, Konrad-Adenauer-Str. 7, ✆ 490500, II-III 0.5

St. Jürgen (Lübeck)

Vorwahl: 0451

H Ibis Budget, Berliner Str. 1/1A, ✆ 5855820, II
H Ideal, Ratzeburger Allee 83, ✆ 580590, IV 3
H Kaiserhof, Kronsforder Allee 11-13, ✆ 703301, III-V 1
H Wakenitzblick, Augustenstr. 30, ✆ 702630, IV 1
Hg Traveller Hotel, St.-Jürgen-Ring 60, ✆ 2967610, III 1.5
P Naturkostpension Grabau, Hohenstaufenstr. 8, ✆ 621160, III 1.5
Bike & Tour, Geniner Str. 2, ✆ 5041440 1.5
MTB-Market, Welsbachstr. 3-5, ✆ 51538 1.5

St. Gertrud (Lübeck)

Vorwahl: 0451

H Holiday Inn, Travemünder Allee 3, ✆ 37060, IV-V 1
Hg Stadtpark, Roeckstr. 9, ✆ 34555, III-IV 1
JH Jugendherberge Lübeck „Vor dem Burgtor", Am Gertrudenkirchhof 4, ✆ 33433, II-III 0.5

Ortsindex

Die Seitenzahlen ab S. 109 beziehen sich auf das Übernachtungsverzeichnis.

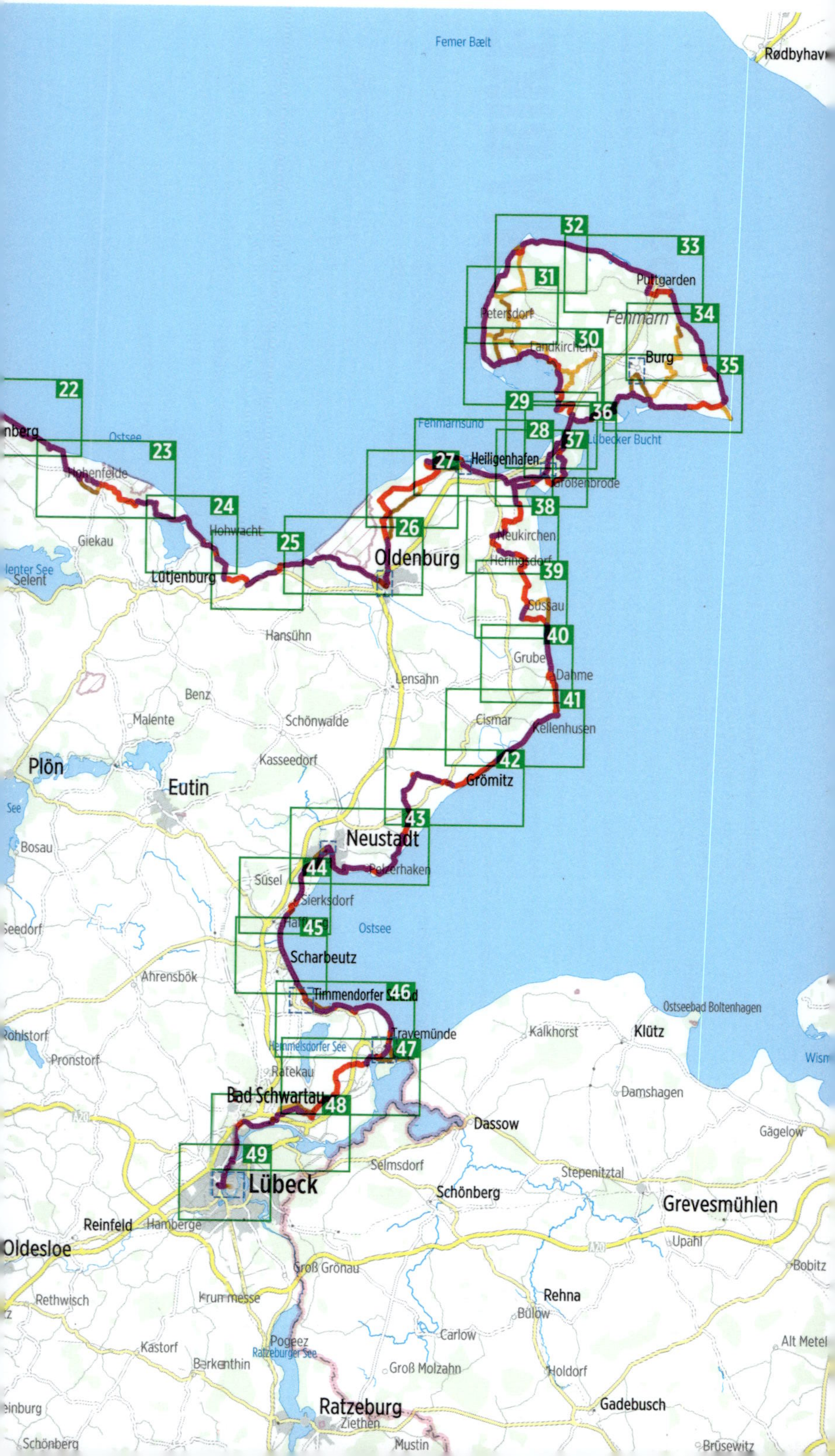

Femer Bælt
Rødbyhavn
Fehmarn
Puttgarden
Petersdorf
Landkirchen
Burg
Fehmarnsund
Heiligenhafen
Lübecker Bucht
Großenbrode
Ostsee
Hohenfelde
Hohwacht
Giekau
Selenter See
Selent
Lütjenburg
Oldenburg
Neukirchen
Heringsdorf
Süssau
Grube
Dahme
Hansühn
Lensahn
Benz
Malente
Schönwalde
Cismar
Kellenhusen
Plön
Eutin
Kasseedorf
Grömitz
Bosau
Neustadt
Pelzerhaken
Süsel
Sierksdorf
Seedorf
Scharbeutz
Ahrensbök
Timmendorfer Strand
Ostseebad Boltenhagen
Rohlstorf
Pronstorf
Hemmelsdorfer See
Travemünde
Kalkhorst
Klütz
Wismar
Ratekau
Bad Schwartau
Damshagen
Dassow
Gägelow
Selmsdorf
Stepenitztal
Lübeck
Schönberg
Grevesmühlen
Reinfeld
Hamberge
Oldesloe
Upahl
Groß Grönau
Bobitz
Rethwisch
Krummesse
Rehna
Bülow
Carlow
Kastorf
Pogeez
Ratzeburger See
Alt Meteln
Berkenthin
Groß Molzahn
Holdorf
Ratzeburg
Ziethen
Gadebusch
Schönberg
Mustin
Brüsewitz
A20
22
23
24
25
26
27
28
29
30
31
32
33
34
35
36
37
38
39
40
41
42
43
44
45
46
47
48
49

bikeline®-Radtourenbuch
Ostseeküsten-Radweg 1

A-3751 Rodingersdorf, Hauptstr. 31
Tel.: +43/2983/28982-0, Fax: -500
E-Mail: bikeline@esterbauer.com
www.esterbauer.com
10. überarbeitete Auflage 2021
ISBN: 978-3-85000-963-8

Bitte geben Sie bei jeder Korrespondenz die Auflage und die ISBN an!

Erstellt in Kooperation mit Ostsee-Holstein-Tourismus e. V.

Dank an alle, die uns bei der Erstellung dieses Buches tatkräftig unterstützt haben.

Das *bikeline*-Team: Birgit Albrecht-Walzer, Katharina Amon-Schneider, Beatrix Bauer, Michael Binder, Veronika Bock, Petra Bruckmüller, Roland Esterbauer, Dagmar Güldenpfennig, Martina Kreindl, Ingrid Leidinger, Daniela Lehnerova, Gregor Münch, Mario Nakić, Karin Neichsner, Carmen Paradeiser, Amélie Pommier, Manuel Randa, Petra Schartner, Sonja Schleifer, Christian Thoren, Isabella Tillich, Martin Trippmacher, Daniel Welser, Carina Winkelhofer, Martin Wischin, Wolfgang Zangerl

Umschlagbilder: Bild gr.: © sehbaer_nrw - Fotolia; Bild kl. oben: © Fotolyse - Fotolia; Bild kl. unten: © Peer Frings - Fotolia

Bildnachweis: © Amt Schrevenborn: 53; Astrid Spiller: 100; Birgit Albrecht-Walzer: 14, 24, 40, 52, 60; Büro Lebensraum Zukunft UG: 62, 64, 68, 94; © Christian Tessmer - Fotolia: 54; © Daniel Strauch - Fotolia: 86; © dermerkur - Fotolia: 32; Eckernförde Tourismus und Marketing GmbH: 38; © eyewave - Fotolia: 28; © Fleming-Design - Fotolia: 78; Flensburg Fjord Tourismus GmbH: 16; © Gerhard1302 - Fotolia: 26, 30; © g-konzept.de - Fotolia: 108, 56; © hanseat - Fotolia: 66, 88, 102; Jan Traupe/Geheimtipp Media: 92; Kiel-Marketing, 46; Kiel-Marketing e.V., K. Steigueber: 10; © Krane - Fotolia: 70; Kurverwaltung Ostseebad Dahme: 85; © LTM_U. Freitag: 104; © Marco2811 - Fotolia: 27; © Marianne G. – Fotolia: 54; © mema - Fotolia: 44; Ostseebad Damp: 34; Ostseebad Strande - Tourist Information: 43; © ravo67 - Fotolia: 90; © Reimer - Pixelvario - Fotolia: 65; Stefan M. Büchner: 84; © take - Fotolia: 97; Tourismus Agentur Flensburger Förde: 14, 17, 19, 20, 22; © Wilm Ihlenfeld - Fotolia: 28; © Wolfgang Jargstorff - Fotolia: 48, 106

Kartographie erstellt mit axpand (www.axes-systems.com)